Equity Investments

富豪遊戲

神秘股權

財富倍增制勝寶典

亞洲八大名師 **林俊洲** 著

掌握股權，迎向獲利的鋒頭！

現在，就加入這場淘金盛宴吧！

成就人生的必勝之道

　　讀完俊洲的著作，非常榮幸能為其寫推薦序。資本市場如此風雲萬變的世界，匯集了眾多的知識及思維。能夠用這麼淺顯易懂的方式表達著實不易，這也直接地證明其專業的深度，相信這本書會引起廣泛大眾的注目。

　　會拿起這本書的朋友，必定是心中有顆尚未萌芽的種子，只是受到社會、經濟環境的諸多壓迫，還在等待著成長茁壯的機會。這顆種子不外乎財務自主、經濟與人生自由，更是富足人生的渴望，既然你拿起了這本書，就請你相信，你也能成為一個職業投資人，甚至是再更進一步成為一個資本家，才不會愧對這本書的價值。

　　如今社會經濟趨勢大幅改變，過往的房地產首富無一不跌落富豪榜，哀鴻遍野。而無數的後起之秀，讓人摸不清是從何出身。隱形富豪是越來越多，深入探究其中的奧妙，答案水落石出。原來，知名企業的上市成功不只帶來無數的億萬富豪，還掀起了一波波的資本浪潮，這股力量是能讓一個普通上班族搖身一變成為職業投資人的工具。正是股權投資，才讓很多庸庸碌碌的上班族創造出無窮的財富。

　　如果你想知道如何能夠讓自己投資獲益，如果你想知道

什麼樣的市場能夠讓自己改變一生，那就非得向專家學習不可。注意！我說的並非什麼感覺很專業的財務規劃師，更不是什麼理財專員。我所表達的財務專家，是真正懂得用錢去滾錢並且獲取成就的人，而不是那些形象包裝良好的業務。

模仿是一種人類最原始的學習本能，大腦的學習是透過不斷地模仿他人，才能達到「習成」的效果。學，就要找對的人學，要學如何一個月賺進三萬，找上班族就能學；要學如何一個月賺進十萬，找月入十萬的人學；要學如何一年賺進五百萬，甚至一千萬，那就得找一年有賺進五百萬，甚至一千萬的人學。切記不要道聽塗說，才不會讓自己扼腕。

俊洲的這本著作，是扎扎實實，一步一腳印地能讓讀者成為職業投資人，內容中所給予的知識與觀念能夠起到非常積極的作用。

本人於此誠心將此書推薦給有志之士，盼對於自己有所期待，卻始終找不到正確方法的朋友，可以藉由此書幫助你找到突破人生瓶頸的最佳方向。

全球華語魔法講盟董事長　　王晴天 博士

邁出知識共享的步伐

　　我很高興為這本佳作做推薦，在此書當中Jimmy　Lin（林俊洲）巧妙地編寫及展開了資本運作／資本機制通用的技術和流程整合。

　　互聯網、社交媒體、智慧型手機及平板電腦，在我們的日常生活中日益茁壯。無處不在的數據和信息，將人們聯繫在一起，形成一個水到渠成的全球社區。然而，只有思想、人才和資本的民主化並不足夠，我們需要更加重視知識共享，才可以實現這些理想。在這個嶄新的世界，必須要讓資本機制蓬勃發展。

　　資本機制不僅僅涉及融資風險和融資方式，它還攸關部署想法和資源的能力。資本機制是一個複合領域，包含著企業融資、項目管理、投資者關係、網路管理、項目融資、股票部署，以及兼併和收購等內容。資本機制的共同目標是創造和分配財富，以確保一個更好的社會。它強調社會平衡及可持續性。在理想情況下，基於公平性、可用性、完整性、身分驗證、機密性和不可否認性來部署資源，以便在正確的時間點，將適當的資源及最佳的部署放到正確的位置。

　　本書提供了一個有價值的信息窗口，不只涵蓋了資本市

場必要組成部分，其中還帶來最具智慧、最優雅，以及最簡單的解決方案。簡單絕非易事！資本機制的挑戰既困難又有趣，它需要熱情、堅韌和奉獻精神等條件來面對資本機制方法的挑戰。這其中包括分析和提供新的解決方案，以滿足經濟市場中不斷變化的需求。在這個資本互聯、互通和相互依賴的新時代，勢必需要提供能力和更新技術，以在共同理財的新世界中生存。這本書正是朝這個方向邁出的一大步。

亞洲資本投資大師　黃哲賢博士

開拓人生的新格局

　　有許多人討論著時尚零售業沒落的議題，並且宣稱這是一個夕陽產業，但我們選擇不同的看法。因為我們意識到資本運作的領域裡，任何行業都有嫁接的機會，在這裡一切都有可能。

　　一切都有可能這句話聽起來很瘋狂，但是資本運作中確實有很多事情令人難以置信，有時也不符合常人的邏輯，而凡事不符合人們邏輯思維的通常都被稱為奇蹟。當我們了解市場運作的結構是如何實際建構並且如何形成之後，就可能發現隱藏在商業模式中的一層層利潤池是非常的龐大。不過其中的關鍵在於紅點的意願，我們俗稱企業家，企業家必備的基本條件是：格局和遠見。他們必須擁有創新的思維、自我控制的情緒管理、抱持冷靜態度、能夠當機立斷的處事方式、寬闊的心胸，以及願意強強聯手達成共贏的心理。除此之外，更應該擁有積極的心態、堅持信念的毅力和創造能力。每一個成熟的商業模式，在前期過渡時可能會進行地相當緩慢，但隨著時間累積就會開始產化變化。它可能就在我們遇到瓶頸，掙扎尋求出路的時候，成功突破而得以重生，Fashion Library時尚圖書館就是一個活生生的例子。

　　時尚圖書館選擇迅速改革，不再糾結於經濟的不景氣或者時尚零售業是否因為電子商務世紀的來臨而面臨沒落。時尚圖書館積極地踏上資本領域的快車，結合資本的力量成功顛覆傳統，並打造了前所未有的女性產業鏈：把重點從服飾轉移到整個女性商機的生態鏈。產業鏈的延伸源自於為客戶打造品味人生，讓女人遇見最美麗的自己為大前提。產業鏈包含了時尚租借平台、產後護理中心、醫療美容與保健，女子精修學院等等，透過資本運作的結合，傳統服飾已經不再是單一的傳統服飾業。

　　一個人要對資本領域與市場運作擁有清晰的理解並不容易，要有看清事實和分辨是非謠言的判斷能力。在商業的領域裡，看不見的不代表不存在，有時聞所未聞的東西比可見的更強大。在資本市場投資必須強調的一點是「投資的最終關鍵在於人」。於「資本奇蹟」中，平等不代表著公平，公平不代表著平等，一切都必須符合天時、地利、人和。篩選合適的人選，打造實力強大的團隊，加上有價值的系統，和超前思維的格局將會決定企業的前程。

Fashion Library集團董事長Connie LOW

展開驚奇投資之旅

　　我的神奇之旅要從因緣際會參加了多元商學院舉辦的一堂股權課程說起，課堂中印象最深刻是主講者俊洲以簡單又風趣的遊戲方式開啟我封存已久的腦袋，也扭轉我常用過去經驗看待事物，容易只流於表象而做出錯誤判斷的情形。另外，最令人訝異的是在課程結束後，完全沒有任何推銷的行為，有別於外面很多投資理財課程都是在想方設法地要賣你產品或方案，這也激發出我對股權投資這門學問更大的好奇心，陸續參加更多的相關活動。

　　投資，就是要不斷地學習、不斷地創造價值。越有能力賺錢的人會更有錢，沒能力賺錢的人越省則錢越少。富人通常會享受到更好的教育和發展機會，而窮人由於經濟因素比富人更缺乏發展機遇，也會導致富者越富，窮者越窮的馬太效應，這也警惕我們要不斷學習知識與技能，來創造價值，有效解決社會問題，沒有知識與技能、專業與經驗，給他再多資源也是浪費。

　　在股權投資的學習之旅中，印象深刻的是我們前往馬來西亞進行實地考察，直接面對面接觸知名服飾品牌「Fashion Library」、餐飲品牌「金蓮記」、最大的泰式古方按摩集團

「Thai Odyssey」、引領改革的「Hong Heng」集團等企業，我們透過多元商學院認識了這些成功者，了解他們的產業鏈與商業模式。在訪談及應對中，更讓我感受到已經是業界佼佼者的他們，還是保持虛懷若谷的謙卑態度待人，也讓我體會到投資界的名言「投資就是投人」。同時我也有幸參與馬來西亞女王國活動，認識黃哲賢博士演說資本市場的運作。還因為有緣加入天使俱樂部，讓我們能以天使投資人的身分以較低的投資成本，獲得更大的投資報酬。

這趟神奇之旅還在前行的旅途中，未來有太多的美景與驚奇等著我們去發覺，也一定會出現很多的懸念懷疑、猶豫不安、風險，甚至損失，但是無法阻擋我們跨出這一步去追求夢想、生命的價值，也期許自己培養投資的專業能力，能幫助更多人一起走在財富路上。

俗話說：「相信就能看見，選擇比努力更重要」，也許數年後回頭，我們會感激當年的自己所做的選擇，感謝我們的貴人俊洲，感謝他出版這本《富豪遊戲・神秘股權》，無私地分享他的投資理念、分析、見解，給我們這個機會認識資本運作與市場運作，了解股權投資的未來價值，現在讓我們一起來見證這本偉大著作所帶來的貢獻吧！

天使投資人　陳勇欽

豐富我們的人生

　　我在一場MOC資本奇蹟的課程中認識俊洲與他的另外一半，至今已經度過幾個年頭了。看著他們兩個人學習資本知識，從一無所知成長到能夠了解資本運作，我覺得只有用驚訝兩個字才能正確地形容我的感受。不久前俊洲告訴我，他想要出一本有關於資本運作的書籍，我覺得非常訝異。直到我收到了他的書稿，內容更是讓我驚呼不可思議。

　　在此恭喜所有的讀者，因為你們買的不是一本書或一個故事，而是MOC資本奇蹟的導師黃哲賢博士要傳遞的精神、知識、智慧及人生經驗，而俊洲在書內也一一地把他從博士身上汲取到的菁華都分享給大家了。我也要感謝俊洲和他的另外一半Tina，願意在台灣這塊土地上分享黃哲賢博士的資本智慧。台灣天使匯俱樂部的成立，正是在這個時代做了最正確的事情。

　　人生應該是豐富的，通過資本的思維，更能夠創造出豐富我們的財富。最後我要以我們導師黃哲賢博士的名言來結束我的推薦序，"Dare to win for humanity."（敢為全人類取得勝利！）

職業天使投資人　

開啟一場新的財富之旅

作者用大量淺顯易懂的故事與實例來向我們解說金錢的概念，更讓人了解到前所未有的理財觀念——「股權投資」。一般我們所認知的理財觀念不外乎股票、房地產、比特幣等項目，股權投資這樣的資訊，這確實是少數人才懂的投資方式。僧多粥少，知道的人也不一定擁有投資的資格，往往一般人接觸到的時候已經是無法擁有股權市場各項優勢的二級股票市場了。

再來是教育的重要性，不管各行各業，即便有天賦都必須透過學習與磨練而專精，沒有人生下來就已經會了，充其量只是比他人更有天賦而已。所以不管你在哪個行業，尤其是財富這個領域，都可以透過學習來加強自己，無論你覺得你的差距有多大，都不能懷疑改變，更必須從學習開始。

此外，本書還能讓你認識資本在市場上的運作，一個擅長跑步的人或許可以比別人更快到終點，但一個會用工具又擅長跑步的人，絕對能快速抵達終點。你可以是很厲害的市場操盤手，也可以學會如何借助資本的力量，讓自己前進地更快速。

COINSHA創始人　*Steve Hsiaho*

人生一切都有可能

這本書所傳遞的知識跟觀念是資本市場中不可或缺的。如果您是一位投資人，或是您想要成為投資人，希望這本書能夠帶給您關於一個成功投資人的重要訊息。

資本市場有許多讓人想像不到的可能性，也讓商業模式產生更多變化，以及讓投資人有更多的機會，這也是這本書所要傳遞的。EUTOPOS運用資本運作帶來了免費住房的可能性，希望讓大家改變住房的習慣，就像是UBER改變我們搭乘交通運輸的習慣，只有資本市場能夠快速帶來這樣的可能。

對於投資人而言，投資人追求的是更大的經濟價值，而股權投資，正是能夠創造更大經濟價值的市場，只要用正確合法的方式參與這個市場，它的平均年化投資報率落在20%到30%之間，不是什麼不可思議的事情，這是富豪們都在做的事。

其實擁有這些知識的人，沒有多少人願意公開這樣的資訊。俊洲告訴我說他想透過這本書把資訊分享給大家。他選擇為大眾服務，為人們寫這本書，這點真的值得我們讚賞。

EUTOPOS集團創始人暨董事長　　姚國雄

汲取利人利己的成功秘訣

　　第一次接觸到俊洲是在一個8天7夜的創業培訓課程，當時我跟他被分配到同一個房間，因此，每天睡前都有很多交流，我發現他內心有個充滿能量的小宇宙，對於創業抱持無限憧憬，讓人感受到正面積極，而那種樂觀，往往是一個人遇到困難時能否堅持下去的關鍵，因此留下深刻印象。

　　他在短短兩年的國際市場歷練後，成為帶領上百名天使投資人、版圖擴張到東盟數國的資本專家，達成如此境界卻不自滿，事業仍在快速成長期。成功絕非一蹴可幾，是什麼樣的思維讓他達成今日成就，本書內容透露出些許端倪。

　　「我拿股權賭明天，你用風險換此生」，富貴真的是險中求嗎？其實並不然！只要擁有正確股權投資知識，把資本市場規則弄清楚，即能扮演幫助創業家的天使，又能獲得豐厚的倍數回收。跳出老鼠賽跑的遊戲有很多種方式，若想釐清對金錢的正確觀念，那麼本書將是您最佳首選，從調整思維開始，接著付諸行動，進而改變自己的生活！

菁英魔法學院董事長　　周代祥

啟動致富之鑰

在我們生活的世界裡，有這麼一群人，他們的可支配資產超過八位數，口袋很深，有豪宅有名車，更甚者甚至擁有私人遊艇與私人飛機，高品質的生活令無數人稱羨。然而，一般人卻無法擁有這樣的財富，是什麼原因造就了這樣的差異？是他們天生運氣好嗎？還是真的只是想的跟我們不一樣而已？別開玩笑了，跟有錢人有一樣的想法就會有錢是什麼邏輯？難道想的跟他們一樣就會變有錢？給你一畝田，如果光想著會豐收，不會播種，也不會耕作，怎麼可能能夠收成呢？想法的改變確實可以讓行為及結果的改變，但是這樣的改變會讓你的銀行存款變成八位數甚至十位數嗎？有錢人確實行動力更強，思維更積極，但是社會上也有著行動力同樣很強，思維同樣積極的「窮忙族」！

那麼到底為什麼會有這樣的財富差距呢？難道是運氣很好，真的有奇蹟發生在他們身上？這些富人們確實有著奇蹟般的財富，但是卻不是因為奇蹟。相反地，這一切的發生都有「邏輯」，造就這一切現象都是有脈絡可循，我們需要了解的訊息是：富豪們知道更多賺錢創造財富的方式，也就是說他們有著更多的賺錢知識。用更簡單的方式說，他們有

「方法」。了解這些人為什麼富有，最快速的方式就是融入他們的生活，而筆者我也確實這麼做，我看到了很多不可思議的事情，就是他們這些富豪一定比你想像的還要普通。

事實上，富人們並不比一般人聰明，很多時候他們甚至犯的錯更多，他們和我們一樣，只是很普通的一般人而已。不過在相同環境下，富人與一般人最大的差異之處，在於他們的思考邏輯更清晰，推理判斷能力更強，擁有的知識更加豐富。另外，最重要的是他們更了解這個世界的金錢遊戲。你一定知道玩遊戲時，做莊家總是有一些好處；也知道越了解遊戲規則，勝率越高。只要知道如何運用優勢、規則，就能取得勝局。

其實我們都在一概不知的情況下，從誕生到這個世界就開始參與了這場人生的金錢遊戲。但是遊戲規則並沒有印在腦海的知識庫中，你需要花時間努力學習更多知識、累積更多技能與經驗，才能找到自己的未來。但在大多數時候，我們的金錢相關知識來自於被動式的學習，受到父母的金錢觀念、朋友的消費習慣、環境的知識等背景影響。所以有錢人的孩子更容易接觸到金錢知識，有錢的機率比一般困苦家庭來得高上數倍。

舉幾個例子，你知道各國金融法規的不同帶來的效益不同嗎？比如台灣放款利率超過百分之二十屬於違反重利罪等

法令，而香港法規則是放款利率超過百分之六十才違反重利罪等法令。又比如各國定存利率不同，而事實上就連換匯匯率都不相同。你知道台灣每年配股配息一次，但你知道美股每一季就配息一次，而這代表複利能帶來的效益差距更大！

其實不單單只是金融法規不同，就連風險係數與安全性差異都很大，大家覺得台灣的銀行很安全，但是在國際市場上，台灣的金融機構是偏高風險的！甚至曾有國際媒體報導過，台灣的金融保險業在全球風險最高，卻是利率最低！這不是要危言聳聽，這是有憑有據的國際新聞。

我們的生活越來越國際化，網路購物帶來的便利性讓你更容易買到國外的商品，國際品牌深入大家的日常生活；廉航的出現，讓一般人出國旅遊也變得更加容易。如此國際化的生活，使得我們身上穿的衣服可能來自日本，鞋子可能來自於中國，褲子可能來自於韓國，手機可能來自於美國，那麼你的投資理財國際化了嗎？事實證明，大多數人還是沒有將自己的投資理財國際化。

台灣的法令為在國外投資的朋友，提供很大的福利，光是新台幣670萬內的獲利可以免稅這件事情，就已經有足夠的誘因，讓口袋有錢的富豪到國外尋找機會投資賺錢。想想你在台股交易還要被扣稅金跟健保費，你在美國股市交易不但能申請退稅，還可以每季就配息一次。同樣的事情，不同的

地方就不同的結果。有錢人只是更加了解這些規則並且加以靈活運用，為自己的資產創造了更大的價值。

　　再來是工具的不同。股票市場，又稱為二級市場，對！就是二級市場，聰明的你可能會問那一級市場在哪？這就是關鍵，一級市場就是莊家的所在地，在資本市場有一句話是這麼說的：「有錢人的垃圾場是窮人的淘金樂園。」這段話說的就是有錢人他們在一級市場印夠了股票後，就會放到二級市場，也就是股票市場上，提供給大家交易買賣以換取現金。那麼我們熟知的股神巴菲特也是在撿垃圾嗎？事實上並非如此，股神在公開場合無數次明示或暗示股權的價值，這有無數報章雜誌跟媒體可以證明，股神是大家看到他在股票市場上的能力而這麼稱呼他，但事實上，我們口中的股神巴菲特卻有七成的資產都在一級市場裡，這才是你沒發現的關鍵細節。

　　而這本書就是要向你介紹，有「富豪遊戲」之稱的「股權投資」，這是一個一般大眾難以接觸的金融市場。股權投資被稱為一級市場上的掌上明珠，這裡誕生過數以千萬計的富翁，這是一個創造無數富豪的市場，也是一個你從來沒有接觸過的機會。

亞洲八大名師　林俊洲

揭開股權投資的神秘面紗

　　西元2000年，開始到今天的幾十年之中，私募股權的市場從幾億美元小打小鬧的規模，到現在幾乎都是上佰億美元的規模。2017、2018年這兩年，甚至有千億美元規模的私募股權基金發起，這支私募股權基金的資金來自蘋果公司、沙烏地阿拉伯的王子、沙烏地阿拉伯的公共投資基金、阿布達比、軟銀等世界級的機構，私募股權行業在短短的數十年之中蓬勃發展成為撬動世界經濟的核心關鍵。

　　不巧的是，2007、2008年全球金融風暴來襲，人人皆求自保，金融市場交易量瞬間跌至谷底，無法計數的市值與企業蒸發或消失。全球頂尖私募股權機構之一黑石集團（Blackstone），當時才剛剛買下希爾頓飯店集團，獲得了集團十個酒店品牌近五十萬個房間，就逢此劇變。風暴來臨後投資人理所當然地擔心血本無歸，但又不可能立刻將資金退出，於是投資人們能做的，只剩下祈求還能剩下點什麼。

　　幸好，不同於一般股票市場的特性，讓私募股權走到了今天，私募股權不需要為市場波動承擔太多風險，私募股權最大的壓力來自於市場疲弱後的成長時間，等一切塵埃落定回歸正軌，私募股權投資人一樣會持有那些具有前景的企業。

　　私募股權在國際市場上已經是非常成熟的行業，無論怎麼樣的延伸跟變化，大致上還是都有基本的要素可以支撐，這些要素分別為：職業的私募股權基金管理人、合格的專業投資機構、資本市場化的企業與項目、活絡的交易市場。健全的法規與金融市場撐起了私募股權的未來發展性。私募股權機構基本上只有進行四件事：融資、投資、管理，以及退出。在全球資本市場中，幾乎都是這樣的一個模式。

　　私募股權機構的投資，其實已經遍及世界各地的各個產業，資金深入當地，與我們的生活密不可分。我們看似離金融圈有非常遙遠的距離，實際上我們卻在這個核心的位置卻不自知。只有極少數的人能夠真正的發現，這個行業以及這個企業他們原來的面貌。商業新聞的報導只是告訴了我們誰變得更富有，以及僅僅只有表面的致富故事。美國全境有約1.54億的勞動人口，而私募股權機構聘用約810萬人，這可表示在美國強盛的經濟體系中，每20人就有一個人從事股權行業，這也間接的證實為何美國擁有如此多的世界級企業。

　　在現下的資本主義社會中，我們有權利也有義務了解這一切，本書正是要為讀者揭開股權投資的神秘面紗。筆者將會用較淺顯易懂的語言及文字詮釋股權的世界。

1 CHAPTER 富豪世界的遊戲

CONTENTS

5 CHAPTER 財富倍增的遊戲

APPENDIX 附錄

富豪世界的遊戲

1-1
創造富豪的遊戲

如果你當年有投資現在眾所皆知的王品，過了幾年之後，你的投資報酬率是四十倍！四十倍是什麼概念？讓我們快速列舉一下，投資十萬變成四百萬、投資五十萬變兩千萬、投資三百萬變成一億兩千萬。如果你當年能投資三百萬，輕輕鬆鬆身價就能夠破億，立刻躍升上億等級的富豪，沒有三百萬，十萬也能變四百萬，至少躍升成為百萬富豪，也許現在百萬身價已經不能稱為富豪，但我要告訴你的是，這個市場賺錢確實就是這麼容易。你可能會說：「這可能嗎？」如果你覺得不可能，你大可以闔上這本書，因為這些資訊與知識注定與你無緣，而你也難以知道王品這個案例的投資報酬率在這個圈子都算是低的了。

台灣也有私募股權的蹤影，知名世界級私募股權機構凱雷集團（那斯達克上市，代碼：CG）在 1999 年初買下台灣寬頻，經過七年的擴大規模後以三百億賣給麥格理集團，淨利超過百億。獲利後再下一城買下了東森媒體科技，改名為凱擘股份有限公司，2009 年再轉賣給台灣大

哥大。又在 2017 年將東森電視台出售給茂德國際投資公司。前前後後統計下來，可想而知其中的利益關係甚巨。

曾經的高爾夫球巨星老虎伍茲、美國 NBA 籃球洛杉磯湖人隊的中鋒歐尼爾、知名演員與美國加州州長阿諾史瓦辛格等知名人士，都有幸投資過 Google 一小筆股權，而這一筆投資為這些人帶來了上千倍甚至萬倍的投資回報率。是的，你沒有看錯，就是上千倍到上萬倍的投資回報！而見證這一切的不是什麼阿貓阿狗，而是這些有頭有臉具有公信力的知名公眾人物。

持有 Google 約百分之一股權的昇陽電腦公司創辦人，當初投資 Google 二十萬美元，在 Google 上市後獲得約三億美元的回報，這些創造富豪的傳奇故事持續在資本市場上演，這就是一級股權投資的市場，這個市場創造了無數身價超過上億的富豪，而且隨時都有可能下個就是你。

Show Case

徐小平，全球知名天使投資人、新東方創始人之一、真格基金創始人、紫牛基金創始人。這個看似家財萬貫的天使投資人，其實也經歷過人生的低潮。

客觀來看，一個本科是音樂系的人，基本上與商業應

該沒有任何緣分。大家應該知道，藝術人才通常是兩個極端，要不是像一線的藝術家或是歌星大富大貴，就會是有一餐沒一餐地辛苦生活。徐小平剛好屬於後者，1995 年 11 月 9 日，身價千萬人民幣的俞敏洪（新東方創始人之一），帶著 5 萬美元的現金找到了徐小平，當時徐小平開車帶他出去卻連 10 元的停車費都付不起。最後為了找一個免費的停車位，硬是開著車子繞了飯店好幾圈。

因為走投無路，所以徐小平沒有放過任何一個可以賺錢的機會。曾經在朋友的幫助下出了一張專輯，只是一張都沒有賣出去，只能在家做個家庭主夫。也正是因為這些困境，讓徐小平在受邀回國創業的時候沒有選擇拒絕，沒多久後就回到中國了。

2005 年 9 月 7 日，徐小平持有股權的新東方上市，徐小平身價狂飆到 40 億人民幣。將近十年的時間，一個一無所有，甚至是連 10 塊停車費都付不太出來的人，居然身價飆升到 40 億。

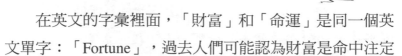

在英文的字彙裡面，「財富」和「命運」是同一個英文單字：「Fortune」，過去人們可能認為財富是命中注定的，因為出生的家庭代表了財富，世襲制的社會也確實是如此。但是，命運也跟運氣、機運有關。不過，隨著進入

國際資本主義時代，現在人人都有機會創造巨額財富。其中最大的問題是，當投資機會來臨時，你能信任它，並且把握住嗎？

你可能對投資這個詞不陌生，你可能也聽過成千上萬遍，但你是否真的了解投資？是否了解你投資的商品特性？是否了解你投資的行業別？你身邊是否有朋友，買賣股票只知道公司的名字，不知道公司賺了多少錢，不知道公司發展到什麼地方，甚至有的投資人連公司做什麼都不知道！你可能會覺得都不知道也太荒謬，但事實上真的有很多投資人就是如此，所以才會有許多人因為投資受傷，而再也不敢投資。通常那些自己沒有投資，但卻總是跟你說不要亂投資、投資要小心的人都可能是如此。

到這裡筆者希望讀者幫一個忙，去問問那些你身邊比較有錢的朋友，越富有越好，去問問他們，他們是否曾經賠過錢，或是受騙過。我可以很肯定地告訴你，如果你問的人足夠富有，超過九成五都是有相關經驗的。然後你再去問問那些看起來比較沒有這麼富有，甚至連國門都沒有踏出過的朋友，他們有沒有賠過錢或是被騙過。有趣的是，至少有一半的人會很自豪地告訴你，他是如何如何厲害，不會被人家騙取錢財。這樣你覺得是有錢人比較聰明，還是連國門都沒踏出去過的人聰明呢？

其實兩者都同樣聰明，這其中的差異是，有錢人對人性更為信任，當然也是有技巧性地信任，他們信任有能力的人，信任有專業的人，信任有知名度的人。有錢人很少會去想這個人會不會騙他，他們想的是這個人有沒有足夠的能力做到他所訴說的內容，以及這個人的學識跟品格道德如何。這些富有的人很清楚，錢是人們得以運用來賺錢的工具，把手中的錢交給有能力的人，讓這些有能力的人賺進更多的財富，然後讓他們把這些賺進的財富回饋給自己，何樂而不為呢？遺憾的是，窮人只想著這個人會不會騙他的錢，而不是去想有沒有可行性，做不做得到。

一級股權市場，事實上投資的關鍵就是「人」，因為某些人具備責任感、擁有創造力、積極性，也有想法，想要為其他人解決他們的問題，改善生活環境，甚至改變世界。比如：Facebook 的創辦人——馬克·祖克柏、阿里巴巴的創辦人——馬雲、微軟的創辦人——比爾·蓋茲，他們做的事情都為我們人類世界帶來巨大的改變，這些「人」，就是能夠為投資人創造財富的「原因」。

Show Case

徐小平投資是 100％看人投資。他主要只看三點：創

始人的領導能力、他在該行業的經歷，以及團隊成員的組成。只要是一流的，即使沒有接觸過，他也會馬上給錢。

截至 2018 年 4 月，真格基金已經投資超過六百個項目，其中有十幾隻獨角獸企業（上市前市場價值超過 10 億美元）。

投資向來是理性、務實和逐利的事情。但是徐小平卻恰恰相反，他感性、大膽，幾乎是毫無章法、沒有規劃、近乎直覺般的投資方式，卻常態性地為他帶來數百倍的投資回報。許多人稱徐小平為「拍腦袋決策」的投資人，徐小平也說他投資 100％是投資「人」。其實他只是發揮了他的個人特質而已，他並沒有很多的商業、財務及市場知識，也因此，他乾脆發揮他個人喜好交友、閱人無數的特質，他不相信財報，他只相信「人」。

只要項目的領導人有足夠的領導能力、經歷以及團隊，他幾乎就會做出投資。具體而言，創業需要不斷地解決問題，所以創業者本身的學習能力、解決問題的能力，以及招募人員、管理人員的能力、影響力等，都是非常重要的基礎能力。其次是經歷、團隊，一個企業的成功與否，都取決於各方面的能力。

試想大約在西元 2000 年，那時有多少人把馬雲這個

相貌奇特的人當作騙子。然而，時間放到今天呢？說他是騙子的人反而成為了騙子。馬雲為軟銀集團的孫正義創造了多麼巨大的財富？我們一起來看看這個數千倍投資回報的傳奇故事──「6 分鐘獲得 2,000 萬美元融資」。

⌕how Case

　　馬雲與孫正義兩人第一次合作時，馬雲沒錢、沒名、沒經驗就算了，當時沒有人認為他的面相會賺大錢發大財，也有人說他長得很奇怪。在這樣的情況下他們兩個人卻決定一起合作，當時的孫正義被稱為「日本比爾・蓋茲」，是軟銀集團董事長、當時的亞洲首富。初次見面的六分鐘後，孫正義決定投資馬雲的阿里巴巴 2,000 萬美元。當時，他們彼此認定對方。九年後，阿里巴巴成為電子商務龍頭企業，軟銀的投資至今獲得了驚人的投資回報。多數人遇上了馬雲，把他當成騙子，時至今日阿里巴巴創造的富豪財富總額近千億美元，中國的百大富豪榜上有 43 人來自於阿里巴巴上市，佔據了近半百的名額，還有數萬人獲得千萬人民幣以上的身價。

　　除了前面的王品、Google、阿里巴巴等知名大型企

業，還有無數造富成功的股權投資案例，這些公司都是從沒沒無聞走到今天這樣的規模，這些創業者都是為投資人賺進大把財富的企業家，這正是一級資本市場中，股權投資的魅力。

　　以往股權投資的知識及資訊僅限於少數的圈子流通，通常要走進這樣的圈子沒有數千萬的身價或是付出高昂的驚人費用，是接觸不到的。而且就算接觸到了，投資門檻往往需要數十萬甚至是數百萬美元才能參與，這也是股權投資被稱為富豪遊戲的原因。不過在未來，股權投資將不再是有錢人的權利，本書的讀者都有機會接觸到這些資訊以及機會。

1-2

金錢遊戲的必勝者

　　筆者很喜歡跟大家玩遊戲，因為遊戲可以反映出人們真實的樣子，也可以凸顯出我們當下遇到的問題。其實不管我們喜不喜歡，接受或不接受，我們都已經身在這場真實世界的金錢遊戲中。

　　我們來簡單地了解一下這場金錢遊戲，但是在介紹這場遊戲之前，我想跟讀者說說馬桶的事。事情是這樣的，我們每天幾乎都要跟馬桶接觸幾次，每天都會看到它，請你問自己一個問題：「馬桶是由什麼組成的？」接著再問自己一個問題：「馬桶運用了什麼原理？」

　　很有趣的是，這個問題居然只有少數人答得出來，我在很多講座上都會問大家這兩個問題，因為我們天天與它接觸，每天都會因為生理需求使用到馬桶，但是我們居然不了解它，那麼回到我們的主題上，再問自己幾個問題：

　　(1)你了解你手上的金錢嗎？

　　(2)你了解你手中的金錢是如何運作的嗎？

　　(3)你是否願意更加了解金錢呢？

⑷你是否有在持續學習如何玩這場金錢遊戲呢？

⑸你自己是否想在這場遊戲中，成為富有的贏家呢？

如果能清楚認知到自己並不了解金錢，而且願意學習的答案是肯定的，那麼我們來了解這場遊戲吧！

不論貧富如何，我們確實都捲入了這場金錢遊戲中，從我們出生的那一刻就已經確定成為這一場金錢遊戲的玩家。其中的差別是，有的人玩得更認真、更努力，他們願意去了解遊戲規則，並且運用這些遊戲規則讓自己成為較富有的贏家。而有些人則更熱愛學習其中精髓，並且贏得更多的勝利。有兩則故事要先讓讀者感受：

Show Case

有一天，一個孩子厭倦了學校的課程，回到家裡對他的父母說：「我不想上學了，我想要賺大錢！」父母聽了之後感到非常不可思議，於是就開導他：「兒子啊，如果你不好好上學讀書，你就進不了好的學校，如果你不能從好的學校畢業就找不到好的工作，如果不能找到好的工作，又怎麼能夠賺到錢呢？」然後這個孩子聽完覺得父母的話很有道理，於是他持續到學校努力讀書。後來成績非常出色，進到知名的大學就讀，畢業後更是找到了一個薪

資穩定的工作。

　　過了一陣子，孩子有了點錢，也交了女朋友，不久後更是結了婚。兩個人都有一份不錯的工作收入，因此決定要買房買車，然後又生了一個孩子。後面的故事我想讀者們都猜到了，這個孩子結婚生子後，又用同樣的方式教育自己的孩子，他們告訴自己的孩子，要好好努力讀書，取得好成績，獲得好工作，然後又進入這樣的一個循環。——這就是著名的老鼠賽跑故事。

　　多數人待在老鼠圈而不自知，不斷地重複同樣的事情，大多數人因為環境的因素都會希望自己有一份工資收入，於是形成了一種無限的迴圈。起床，上班，下班，付帳單，再起床，再上班，再下班，再付帳單……。如果想要離開時，老闆決定多給一點薪資，他們就會以更高的開銷重複這樣的循環模式。

　　上班族害怕沒錢，不願意面對沒錢的恐懼，因此他們做出反映，但並不是運用頭腦，而是付出自己的勞力及時間，期望賺到的錢能夠消除自己的恐懼。但上班獲取的收入無法消除恐懼，於是，缺錢的恐懼追逐著人們，他們只好又去工作，希望掙來的錢能消除憂慮，但事實上缺錢的恐懼還是無法消除，於是更加地陷入這樣的迴圈。

　　這篇故事告訴我們：「不要成為金錢的奴隸」，我們要學會支配金錢，而不是受制於金錢。讓我們再看下一篇。

Show Case

　　有一群從排行前幾名名校畢業的學生走進社會，這些學富五車的天之驕子個個學歷驚人，看起來個個都前途無量。想當然耳，這樣有能力、有才華的一群人肯定是事業成功、生活富足，非常輕易地就能過上衣食無憂的生活。

　　但是好景不常，2008 年金融風暴來臨，這些學富五車的天之驕子的資產被沖掉超過一半，為了止損他們幾乎將所有的投資都贖回了。往後的兩年也因為擔心自己的資產再次蒙受損失，這些專業人士幾乎都沒有再做出投資。

　　當然也不是所有人都能獨佔鰲頭，在這群人之中也是有人成績較為落後。這些在學校成績較為落後的人，在金融風暴後卻進場了。

　　聰明的讀者猜一猜，現在這些在學校成績落後的人有沒有過得比前段班的同儕滋潤呢？

　　故事還沒完，延續前段：

Show Case

　　有一位在金融風暴後進場的人父激動地講了一段話：「未來我的孩子不管有沒有讀書，不管書讀得好不好，我都要讓他學會投資！」

　　除了自己之外，這位為人父親的爸爸親眼見證了一些學術不精，甚至大學都沒有畢業的人卻賺進大把鈔票，日子過得比付出辛苦勞力的人還要滋潤，也因此他講出了這些話。

　　這是一則真實發生在我們生活中的故事，這位爸爸是知名上市公司退休的高階主管，但是卻講出了這段話。

　　大多數人在這場金錢遊戲中，都是抱持著不要輸的心態來參與的，少了一點勢必要贏的決心，最後就會出現差異。專業人才大多都因為收入優渥而不去學習或接觸投資理財。而有錢人總是想要贏得遊戲，所以他們尋找機會讓自己越來越富有，他們深知，要贏得遊戲必須要了解遊戲規則。試想，今天你在打一場麻將，你連怎麼胡牌都不知道，怎麼可能贏呢？

　　大多數人就像老鼠跑圈圈一樣，無論跑得多努力、多賣力，沒有找到出口都只是在圈子裡循環，再賣力地跑，

都沒有抵達終點的那一天，因為多數人根本沒有找到出口的位置。大多數人都知道什麼叫做財富自由，但是有多少人真正獲得了財務自由呢？撇除政府勉強可以生活的勞保、勞退，有多少退休老人，是真正依靠自己過往的資本累積獲得財務自由，而不是依靠子女的奉養呢？在現代這個養兒不防老的年代，如果我們現在還不開始為自己的未來做準備，那要過上有品質的退休生活有多困難？

想一想，在這場金錢遊戲中，現在你贏了多少，過去又少贏了多少，以及未來你能夠贏多少？如果做的事情都沒有改變，那就等於是「同樣的人，做同樣的事情，但卻期望有不同的結果」，這可能嗎？我們需要的是解決自身金錢問題的各種可能性。有錢人勇於面對自己的金錢問題，因此他們會有更多駕馭金錢的能力，於是金錢問題對他們而言將會越來越簡單。不要說談錢是庸俗的事情，那樣只會令你陷入窮人的陷阱裡，有錢人的生活圈喜歡談錢，他們喜歡賺錢，把賺錢當作興趣，每天交流的話題都是彼此投資了什麼，彼此有什麼賺錢的方式。事實證明，這樣可以令他們更加富有。

要開始了解這個金錢遊戲也很容易，坊間有很多的投資理財老師或是投資顧問，也有一些高價的投資理財課程，都可以多聽聽多看看，不過賺到錢跟讓你有錢是兩件

事。對於這些老師教的內容，筆者建議讀者不要衝動地過早做出投資，投資應該要先設定好自己的理財目標，因為沒有人的投資理財經歷是完全相同的，理財老師成功的那個時機你已經錯過了，就像是三十年前投資房地產的時機已經過去，現在你應該學會判斷當下什麼是最好的選擇。

在這之前，我們都應該要知道想往樓上走，就要走上樓的樓梯，要往北走，就要選擇往北的道路，看起來是廢話，問題是：有多少人在路上迷失了方向，找不到原本應該要走的路呢？做投資的這條路，要通往哪裡，抵達什麼樣的地方，都應該要先確定好自己的目標跟方向，再開始執行。

其實有錢的朋友都很樂於分享自己的投資理財經驗，只是大多數人因為心裡對金錢的匱乏，自己沒有自信不敢談錢，所以很少敢開口討論投資理財的經驗，又礙於面子問題，不想讓其他人感覺自己不懂，所以才失去機會。如果不想要花錢上課的話，不要不敢開口，認識一些有錢的朋友也是一個能快速學習的管道，或許每個人的觀點會有所不同，但是這些都是人家的經驗累積，總會找到適合你的方法跟機會。當然要記得客氣一些，因為你永遠不會知道人家經歷了什麼樣的過程，才得以淬鍊出這些智慧，這些資訊都是很寶貴的，很多時候，這些知識花錢都買不

到。

　　不過，我們也要在獲取知識跟經驗後靜下來思考，這些資訊是否適合現在的環境，因為金融環境的變化非常快，好比說，在數十年前，會有很多人告訴你房地產是最好的投資，但是在現今房地產市場走向供過於求的趨勢下，我想很多人看到了新的答案。

1-3
富豪的印鈔術

　　我們生活中賺錢的方法有成千上萬種，但是什麼樣的方法最賺錢？比爾‧蓋茲只做好軟體，就當過好幾次世界首富；華倫‧巴菲特專心做好投資，也做過好幾次世界首富。具體來說，簡單的方法最容易成功，我們平時都把事情想得太複雜，變得太難以執行，然後就難以堅持。

　　要賺錢最簡單的方式就是用腦袋賺錢，你有看過哪些人是靠四肢賺到大錢的嗎？運動員是嗎？成功的運動員都是靠腦袋思考跟判斷才成功的。曾是美國 NBA 的籃球巨星麥可‧喬丹說：「我不是用四肢打球，我是用腦子在打球。」

　　賺錢需要想法、方法，富豪的錢都是「想像」出來的。如果我們真的想要變得富有、有錢，最快的方式絕對就是直接印鈔票，不過除了政府以外，印鈔票是違反法令的，當然不能去以身試法。因此，我們應該換個方式，看看那些白手起家的富豪是如何做到的。

　　俗話說「富貴險中求」，如果不敢投入成本，一輩子

都不會有錢。這並不是要大家冒著幾近不可能的風險去博弈，而是在風險可控的範圍內，做出我們可以承擔風險的投資。從事超過自己能力範圍的事情就是博弈，風險維持在你可以控制與承受的範圍內稱為風險管理。不會開車的人開車上路就是賭不會撞到人，不會開飛機的人去開飛機，這是賭上自己還有乘客不會機毀人亡。會開車的人會讓自己處於安全的道路範圍內，這就是風險管理。風險管理伴隨著財務，時時刻刻都在我們的生活中。

那麼富豪們是怎麼管理好風險並且為自己創造財富的呢？前面我們提到，投資這些知名的企業可以讓我們賺進數十倍甚至是百倍以上的投資回報，這樣的投資機會難道有可能會不斷地出現嗎？答案是肯定的，這樣的機會在資本主義的這個時代到處都是，只是這些機會通常不會落到一般人手裡，因為能賺錢的機會，富豪們一定也會搶著要。那就是說一般人永遠沒有機會了？這樣說也不是，事實上大眾也能夠獲得這樣的機會，前提是，你要主動地去找到它。

資訊裡藏著很多很多的錢，只是因為你沒有很想要，所以你感覺不到。在這個時代，掌握資訊幾乎等於掌握金錢，資訊是這個時代決定性的力量，擁有資訊的人，如果懂得運用，就等於擁有財富。猶太的富豪們總是將資訊看

得無比重要。

　　在經濟學領域中，有門分科被稱為資訊經濟學（Information Economics），是由美國經濟學家所提出，資訊經濟學的內容其實非常務實，完全不是研究性質的理論。例如：喬治・安可洛夫在 1970 年發表的〈檸檬市場〉（*The Market for Lemons*）一文，被認為是眾多研究資訊經濟的文章中，最重要的一篇經典之作。

　　在〈檸檬市場〉這篇文章中，喬治・安可洛夫以二手車市場為例子，針對市場存在資訊不對稱導致逆向選擇提出了一篇正式分析案例。

　　文章中顯示，因為賣方很清楚自己車子的現況與問題，買方則會因為資訊不對稱的因素，只能以約略市場車子的平均品質為基準，來決定自己願意接受付出的價格。但對於賣方來說，如果把高於平均車況品質的車子以買方願意付出的價格賣出，就會造成損失，於是品質較好的車子被大多數的賣方保留下來，市場上只出現一堆品質較差的車子，像酸檸檬一樣。而看到車子的平均品質更差，買方願意付出的價格就調得更低了，賣方願意拿出來賣的車子品質就變得更差。最後，即使有人想要買車，有人想要賣車，卻因為賣方無法把車子的狀況真實地轉述給買方，市場上可能就會沒有二手車可以賣。這種資訊傳遞的缺

陷，阻礙了交易行為。在當時，這個資訊經濟學的理論直接打破了傳統經濟學的供需均衡理論，造成了很大的市場衝擊與挑戰。

我們再看一篇生活中的事件就更能理解。媒婆是一個很特別的中間角色，媒婆通常需要在雙方之間傳遞訊息，但是有個問題，通常媒婆傳遞的溝通資訊是有功利心的，介紹成功有物質利益或是成人之美的成就心理，使得媒婆就在雙方之間傳遞假的消息，塑造好的資訊，掩蓋壞的訊息，最後造成的結果就是悲劇或是家庭不美滿等問題。而現在講求自由戀愛就是一個雙方將自己個人資訊做交流的過程，美滿生活的比例較當時比例高很多。

資訊經濟學所講的事情天天在我們身邊發生，掌握了資訊，就會真正擁有創造財富的力量。

有錢人比我們更主動、更積極地想要賺取更多的財富，碰巧我們認識了一些家財萬貫的朋友，他們在主動性上真的遠遠高過於一般人，比如：看到有賺錢可能性的資訊，立刻開始問身邊的朋友有沒有人了解，如果沒有，也會馬上透過人脈網路找到了解的人。如果你想要致富，想要擁有跟他們一樣的財富，那我們應該學學他們的主動積極，以及對於接收新資訊的包容性。在開始之前，我們要先知道怎麼玩這場遊戲。

　　接下來要為大家簡單介紹一下資本市場中的「一級市場」——股權投資市場，這是一個可以合法印鈔票的市場，當然也不是真的直接印鈔票，這邊印的是可以換成鈔票的股票，只要用合乎國際以及當地法令的方式印股票，就能夠被資本市場與政府接受。在股票正式上到證券交易所，也就是所謂的 IPO，首次公開發行之前，這個時期的投資多數稱為股權投資，這裡是一個創造價值的地方，正因為在創造價值，所以也是創造出無數億萬富翁的樂園。引述股神華倫·巴菲特的一段話：「如果你一生中找到三個傑出的企業，你就會變得非常富裕。」想想看，這些公司不需要世界知名，公司只需要能夠成功讓自己賺到錢，讓股東們賺到錢，你也能變得非常富裕。

　　這個世界的財富結構已經改變了，以前主要是工資性收入，靠工資、儲蓄就可以買房買車、含飴弄孫，以前不需要什麼投資，只要能每年賺進新的工資就可以舒適地生活。十五年前，世界首富最多的是房地產行業，十五年後，世界首富中房地產的比例越來越少，時代改變了，環境也改變了。

　　現在時代真的不同，存錢只會越存越少，薪資增長的幅度跟不上物價上漲的速度，大家都不敢花錢。這個時候開始，投資收入變得更加重要，你現在應該關心的，是過

去累積的財力能夠創造多少財富，現在已經進入了一個誰比較會用錢滾錢，誰比較有能力駕馭金錢，創造更大財富的時代。舉個真實的例子：三十年前大約六〇、七〇年代，大家都不存錢，所以銀行為了吸引你存錢給出高達 12％ 的存款利率，你放在銀行的資產六年會翻一倍，所以當時光是靠存錢也會有錢。而現在的銀行利率 1％，遠遠低於通貨膨脹。十年前你存一千萬在任何銀行，十年後的現在這一千萬的價值遠遠不足當時。現在是誰存在銀行的錢越多，誰未來就越窮的時代。

時代一直在改變，過往那個人們說多讀書，未來找份好工作才能賺到錢的時代已經過去了。他們存款利率 12％，工作三、四年就可以買房，現在呢？存款利率 1％，通貨膨脹每年 3～5％，不吃不喝工作十年還不一定買得起房，而且每年資產都以超過 2％ 的速度在縮水，存錢只會讓你越存越窮。投資理財不只變成顯學，還會變成必然之事，因為過往靠工作的專業就可以做到安穩退休，但現在你需要把投資理財當成副業，以及人生的最後一項事業，你才有辦法做到安穩退休。

幸好，現在知道也不算晚，過去已成回憶，現在也正在過去，創造未來最好的時機就是現在，有錢人比大多數人更早了解這些遊戲規則，所以他們到處尋找投資機會，

到處用錢滾錢。不要妄想賺到很多錢後可以放在銀行，放太多錢在銀行，銀行不只不會給利息，而且還會收取保管費。所以對於富人來說，投資是必然的，因為沒有人會願意把錢放在那邊還要被收取保管費，有錢人有著有錢人的問題，除了錢太多，還要想著如何節省各類稅務支出，要持續不斷尋找投資管道，以及資金如何移動、傳承等等。

　　富豪們確實比更多的人了解遊戲規則，因為他們的財富豐厚，所以會有更多的人分享資訊給他們，也有更多的財務顧問或是理財專員願意靠近他們，這是一個正向的循環，更多的資訊以及更清楚的遊戲規則會讓他們更富有。有道是：「資訊的落差等於財富的落差」，這句話字字屬實。在這個資訊爆炸的時代，資訊落差沒有縮小，反而更大了，甚至還帶來反效果，因為大多數人並不懂得如何篩選正確的資訊，而富豪的身邊總是會有人幫他們做好把關，也因此，他們的投資方式以及投資標的都更值得我們去參考，因為這可能是在無數建議下所做出的結論。

　　而我們熟知的股神華倫·巴菲特，他願意將七成的資產配置在一級市場，也就是股權市場，必定有其原因。大家認知的巴菲特，操作動作主要都在二級市場，這也是能被大家看得見的市場，所以大家以為股神都在玩股票。我們用邏輯來思考一個問題，大家所謂的股神巴菲特，他是

股票的操盤手，還是波克夏這間公司的董事長？想通了就能發現很多事情，因為董事長是不可能坐在電腦前面幫投資人買賣股票的。巴菲特主要投資在一級市場，這個事實大家都不太知道，很多原因讓這個行業市場比較封閉，也是這個原因，讓很多人覺得股權投資是很新鮮的東西。早期的股權投資被稱為天使投資，讓我們來看一份過往的天使投資數據，2014 年，64％的天使投資機構年化投資報酬在 20％至 30％，頂尖的則更高，平均一百個天使投資機構有 13 家退出的項目裡面獲得 15 倍以上的投資回報，這個投資報酬好不好？想想看，投資十萬變成一百五十萬，投資一百萬，變成一千五百萬，如果這個投資人是你，感覺如何呢？

　　也是這樣的投資報酬率吸引了無數的投資人爭相進入這個市場，隨著經濟發展越來越規律、越來越透明，股權投資可以帶來的收益也越來越明確。舉個例子：你有一家餐廳已經經營三十年，每年淨獲利是 20％的初期投入，投入一千萬元，每年就是兩百萬元的淨獲利，這家餐廳連續三十年，每年為你帶來的固定收益是 20％的投入成本，收入還會隨著通貨膨脹等比例增長，也就是說第五年你已經回收了 100％的本金，後面 25 年的收入遠大於你當初的投入。也就是現代人已經可以知道，如果投入成本去

開餐廳成功的話會有什麼樣的結果，如果這間餐廳不做上市，他的收益大概就穩定維持在這個水平。

　　那如果是上市呢？假如說上市的條件跟門檻剛好就是這間餐廳的獲利水平，這間餐廳也順利在第五年的時候上市，那麼上市後老闆的持股價值可能是後面 10 至 25 年的總和，因為大家願意出更高的價格去買他未來的獲利，也就是我們在股市上俗稱的本益比。假設本益比是 20 倍，他每年的兩百萬淨利潤瞬間變成四千萬的價值，而且可以變現，這就是一級市場到二級市場的造富秘密。算算看，如果你在這間餐廳早期的階段買到它 10％的股權，本來每年也只領著二十萬元的配息，上市後每年的這二十萬元，突然價值變成四百萬元，而且是可以立刻變現獲得四百萬，賺到的不只是手上的現金，還有整整二十年的時間，賺錢確實可能這麼容易，還能贏回原本應該屬於你自己的時間。這個投資報酬不只吸引你，也吸引了無數的富豪爭相投入，這就是股權投資的魅力。

CHAPTER 2

成功人生的遊戲

2-1
思維決定高度

開賓士的人可能在努力換賓利，開著豐田的人卻可能拼命想省油。從前的我們深受父母及師長的影響，他們從小教育我們生活要節儉，學校和家庭潛移默化地影響著我們，影響我們的習慣、思維還有格局。

所以我們從小都養成了節儉的習慣，剩菜剩飯倒掉很可惜，硬撐到不舒服吃完也不要浪費。時間長了，我們只記得要節儉，卻不記得有誰教過我們人生要如何開開心心賺大錢，因此我們往往沒有足夠的投資判斷能力。這些事情，一直影響著我們每一次的選擇。

一般人的思維格局，認為省錢就是賺錢，所以更多精力用在研究如何省錢上面，然而一個人的精力是有限的，當你每天都在研究怎麼省錢的時候，就不會有更多的精力去研究如何賺錢。所以一般人就是一般人，他不會突然變得很富有，如果他能給你如何變富有的建議，那他就不會到現在還只是一般人。我們不會去問醫生法律條文，也不會去問律師如何治好胃痛，但是我們居然會聽信那些一般

人給的投資建議，而不是找到有經驗的富豪問他們如何做決定。

Show Case

《西點軍校給青年的 16 個忠告》一書中，講了一個砌牆工人的故事如下：有人看到三個砌牆工人在烈日下工作，但神情各異，不免好奇地問他們：「請問你在幹什麼？」

第一個人沒好氣地說：「沒看見嗎？砌牆！我正在搬運著那些重得要命的石塊呢，這可真是累人哪。」

第二個人抬頭苦笑著說：「我們在蓋一棟高樓，不過這份工作可真是不輕鬆啊！」

第三個人滿面笑容地說：「我們正在建設一座新城市，我們現在所蓋的這棟大樓未來將成為城市的地標性建築之一啊！想想能夠參與這樣一個工程，真是令人興奮。」

十年後，第一個人依然在砌牆。第二個人則是坐在辦公室畫工程圖——他成了工程師。第三個人，是前二個人的老闆。

第一個人只是被動地接受工作，志在工資。第二個人看到近程的產品，則能約略提升自己工作的價值。而第三

個人，是真正站在一個高度看待自己的工作，看到遠程的美景，為自己制定了更高的目標，所以成就更大。

格局的差異造就了未來的差異，你對錢的用法，對錢是什麼看法，最後會成為你的實際經濟狀況。

錢是有靈性的，你善用它，它就會越花越多。老是顧及眼前的蠅頭小利或貪圖小便宜，你就無法做出正確的投資決策。面對每個投資決策時，你是要賭一把還是想清楚再做？「口袋貧窮可能是一時失意，腦袋貧窮可能一輩子失意」、「如果不調整自己的思維，你很難找到撐起成功的支點」，這幾句話裡有個很重要的關鍵，就是你「自己的高度」。為什麼古人講過這麼多類似的話呢？因為只有當你改變，事情才會改變，想法不改變，事情永遠不會變。

這個世界上最有影響力，也是最富有的猶太人。在全球的人口比例中，是僅佔有百分之零點二的族群，他們是如何創造出這麼巨大的影響力？毫無疑問，猶太人影響並改變了整個世界的發展，佔世界人口極少數的猶太人，在歷史上卻有大量的知名人物，他們在科學、藝術、經濟等領域為人類做出巨大的貢獻，許多猶太人因此獲得諾貝爾獎，得獎的比例還大幅地超過了猶太人在世界人口的比例。

在這個全球化的時代裡，高科技行業以及創業投資（股權投資）行業儼然成為近年來累積巨額財富最快速的寶地，而這些行業都有著高比例的猶太人身影。

美國十大猶太富豪，掌控了美國大半的財富，谷歌的兩位創始人、甲骨文公司的創始人及 CEO、被稱為金融巨鱷的喬治·索羅斯、彭博集團創辦人、臉書創辦人馬克·祖克伯、戴爾電腦的創始人等等，無一不是猶太人。猶太人非常重視教育，並且尊重知識。

猶太人的傳承中，世世代代都有訓練思考邏輯與思維的習慣。要像猶太人一樣思考，你只需要在別人阻止你的時候仍然嘗試去做，如果別人阻止你這麼做，你必須要弄清楚原因。他們常說：「如果你想要知道前面的路，問問那些返程的人。」這也表示，別人成功的路，你同樣可以再走一次。失敗的路，你同樣可以避過，成功的猶太人都不會被一個問題阻擋。

猶太人認為光靠勞動所得，然後守財，是永遠不可能成為富豪的。他們不做死命存錢的事，因為金錢對他們來說，不僅僅只是「錢」，它的價值也不會僅止於鈔票上面的數字，他們把金錢作為一種工具，作為一種能夠讓更多金錢持續源源不絕流進口袋的工具。因此，他們用金錢去購買的，是未來，是可能取之不盡的未來資本財富。

　　與其說猶太人喜歡錢，不如說是喜歡賺錢，賺錢是他們的興趣，他們靠自己的腦袋去翻轉自己的命運，賺進了數不盡的財富。這一點跟我們身邊很多有錢的朋友一樣，他們不是愛錢，是把賺錢當作興趣。巴菲特從年輕的時候到現在也都是相同的，對於有錢人們，這只是一種娛樂。

　　猶太人擅長從辛苦的日子中翻身致富，若是能從猶太人那兒獲得一些賺錢的智慧，仿效他們喜歡賺錢的心態，轉換一下思維，或許就會發現賺錢其實沒有這麼難，市場不好還是有人賺錢，市場好的時候也還是有人會破產。人類與生俱來最強大的技能就是知識與經驗的傳承，但是知識與經驗也需要足夠的養分與實踐，我們現在學到的知識都是前人的累積，我們不需要重新發明電燈，不需要重新研究電話，因為這些都被流傳了下來。金錢與財富也是相同的，你只是需要找到成功的方法，並且去灌溉它、實踐它，賺錢的機會就無所不在。

Show Case

　　西元 2005 年 9 月，有個年輕的男孩因為家庭生活較為困苦，毅然決然要改善家庭的經濟狀況，當年年僅 18 歲的他，兩手空空地開始學習投資理財的相關知識。這些

知識與思維邏輯讓這個男孩子在三年後，就讀大三的時候，為了賺錢存錢而選擇休學。他休學之後跑去海軍從軍，成為一名海軍志願役。擔任職業軍人後，他還是持續學習投資理財知識，並且將每個月的薪資所得投資在各類金融商品上。

四年役期期滿退伍的那一年，他 25 歲，身上有點儲蓄了，也有一些投資的資產，於是他想要開店做生意。有很多人告訴這個年輕的男孩：創業失敗會賠錢、有可能負債、萬一賠掉了又要重來、好不容易存到錢為什麼要這麼衝動、現在不景氣做生意很難、你這麼年輕什麼都不會失敗了怎麼辦，種種不抱希望的負面言語不斷地傳遞過來。幸好，男孩用一句話很堅決地為了創業抗爭了三個月，這句話是：「萬一我成功了呢？」於是男孩不顧父母、親戚、朋友的反對，一次投入所有積蓄去開創事業，開了一家美式早午餐店。

25 歲那年的年尾開始，也就是從店面開幕十個月後，男孩順利回收了投入的本金，從此男孩再也沒有聽過反對或是冷嘲熱諷的聲音。而這個男孩為自己帶來的，是年僅 25 歲就擁有超過十萬的月收入。

故事中的那個男孩就是筆者本人，那時確實只是依靠

心中的那股一定會成功的衝動，投入的資金超過當時身上財產的九成，在那個區域的同類型店家超過十家，那是一種不成功便成仁的心態。現在回過頭看看，除了覺得還可以再做得更好之外，也很感嘆當時有多麼幸運。

透過這件事主要是讓讀者發現，思維的不同真的會造就結果的不同，如果我當時沒有衝動地這麼做，我今天也沒有可以寫進這本書裡的故事；如果當時聽進了家人的話，我可能現在還是一個穩定薪資的上班族；如果當時選擇退縮、選擇放棄了，到今天我大概也不會有這樣一點點的成就。這一切都是自己的選擇，而我們做選擇的當下，依靠的就是我們當下的思維，就算失敗了，我們也學到了：「不是得到，就是學到」。

當然不是說鼓勵大家冒著極大風險去創業，因為我們可以選擇做更有效率並且更聰明的資金運用，如果我當時就知道了股權投資，我大概不可能會去創業，我會做個悠閒愜意的投資人，畢竟創業的那種酸甜苦辣、五味雜陳的辛苦都只有體會過的人才真的能懂。

有一句話是這麼說的：「你現在所有累積的結果，都是你過往做選擇時造就的。」如果你選擇讓月入三萬、五萬的人左右你的思維，那麼你的收入就在三萬或五萬；如果你選擇向月入十萬的人學習，你也會月入十萬；如果你

向億萬富翁學習，你也可能成為億萬富翁。

　　過往學校教我們的，就是如何好好讀書，未來找份好工作才可以穩定地賺到錢。時間來到現在，大多數人讀了這麼多書，卻沒有為自己賺進穩定的財富。在接受意見的時候理性思考一下，給你意見的是什麼樣的人，在做選擇時好好思考一下，這個選擇未來會為你帶來什麼。這是一個資本主義的時代，也是一個選擇大於努力的世代。

2-2
遊戲規則

　　我們一生下來就參與了這場金錢遊戲，想要贏這場遊戲，首先你要了解最重要的遊戲規則，誠如前面所提到的，打麻將連要怎麼胡牌都不知道，你要如何能贏？遺憾的是，大多數的人並沒有發現自己處於這場遊戲中，所以絕大部分的人並沒有去尋找贏得遊戲的方法。只有少數的人找到方法，又只有更少的人堅持走到最後。

Show Case

　　根據數據顯示，有七成多的彩券頭獎得獎者，在五年內就會把獎金花光並且申請破產。美國曾經有一位彩券得主，贏得稅後獎金約台幣 7.9 億，幾乎是一個一般人這輩子都花不完的數字。但是他買超跑、私人飛機、豪宅，揮霍無度毫無節制，五年內不止敗光所有獎金，還背上高額的負債，弄得家庭破碎、妻離子散，最後在安養院獨自一人孤單去世。台灣也曾有位計程車的駕駛司機，中過新台

幣兩千百兩百萬元的彩券獎金，不到兩年就全部花光，後來他大方公開自己的經歷，希望能夠給其他彩券得主警惕。

很多人說沒錢學什麼投資理財，那麼請問繼承遺產者或是樂透得主為什麼這麼高比例最後都是破產呢？因為這些人大多都抱持著不需要學習投資理財，等有錢了再開始。問題是有錢了，你就會覺得不需要學了，結果就是沒有駕馭金錢的能力，最後弄得財務拮据，下場黯然。

事實上，富有的人應該更不用學習投資理財才是，因為這些人都已經小有財富，甚至這輩子已經花不完了，但他們反而更積極努力地學習投資理財的相關知識，於是就變得更富有，形成一個正向的循環。我們生命中的財富到來是有規律的，不是有錢了才開始，而是因為開始了才有錢。

為什麼猶太人就算是死也不會去考公務員？當經濟不景氣時，很多人都會希望有穩定的收入，為了追求穩定的生活跟福利，因此去考公務員。對於猶太人來說，考公務員無法達成真正的財務自由。好比如現在，我們回頭看看過往所謂的鐵飯碗現在如何了？福利不斷刪減，稅金同樣要照付，甚至也可能被裁員。這樣跟一般工作有很大的差

別嗎？對於猶太人來說，這只是另一種工作的選擇而已。在大環境不景氣影響之下，公務員原本的豐厚福利可能會拖垮國家的財政，因此公務員隨時都可能被拿來當作開刀的對象，猶太人只是比我們更早發現這件事情，所以無論到哪裡都不會選擇公務員這個職務。

　　舉公務員這個例子是要大家發現，這個世界無論到哪裡都有規則跟邏輯存在的。環境不好讓國家財政也發生困難，所以會砍公務員福利，非常合理也是具有邏輯的事情。歐債危機爆發之後，希臘跟西班牙刪減了公務員的薪資和福利，加拿大以及古巴等國裁減了數萬名的公務員。而安逸環境以及封閉型的社交圈，讓大多數公務員沒有獲得自我成長，通貨膨脹也同樣侵蝕公務員的資產，因此只會變得更辛苦。反觀猶太人，因為環境的影響造就了高度的危機意識，也因為不斷地面對挑戰，因此能力不斷地獲得提升。

　　猶太人的思維受到宗教影響，他們提倡用自己的力量去改變一切它們認為不合理的事物，同樣也提倡人們發展自己的能力，他們相信個人的力量是可以影響世界的，而事實證明猶太人是對的。

1. 遊戲規則：信念

「凡胸懷大志之人，最後總有所成就。」這是猶太人的信念，也是這個世界能讓你致富的不成文規則之一——「信念」。而正是這一項非常重要的遊戲規則，造就了許多與眾不同的差異。這也是為什麼前面要告訴你，思維格局決定你的高度。

Show Case

有一組科學研究團隊把五隻猴子放在同一個空間裡，這個空間的中間有一個梯子，梯子的頂端上放著一串新鮮的香蕉。每一次只要有猴子想要爬上梯子去拿香蕉時，科學家就會往剩下四隻猴子身上灑冷水。如果這四隻猴子裡也有誰想要爬上梯子去拿香蕉，同樣另外四隻猴子也會被灑冷水。幾天過後，猴子們開始自發性地阻止彼此去拿香蕉，還會去抓住想爬梯子的猴子。最後無論香蕉有多麼誘人，猴子們還是停止嘗試去拿香蕉。

這時，科學家帶了一隻新的猴子來換掉原本五隻中的一隻。新來的猴子馬上試圖要爬上梯子拿取香蕉，卻馬上招來其他四隻猴子的痛毆。幾次之後，新的猴子也學到不可以爬上梯子，不然會被其他猴子痛毆，但這隻新的猴子

完全不知道什麼原因。幾天過後，又有其他猴子被新的猴子替換，同樣的事情也一再上演。

經過一段日子後，所有原本的猴子都被替換掉了，籠子裡剩下的是五隻新的猴子，這五隻猴子從來沒有被澆過冷水，但牠們卻學會了阻止彼此去拿香蕉。如果猴子能回答我們的問題，我們問這些猴子為什麼不能拿香蕉，牠們可能也說不出什麼原因。

這個環境有沒有像極了什麼？你想要追尋自己的熱情，身邊的人卻不斷地告訴你未來可能沒有飯吃、會賺不到錢、可能會找不到工作等等。或是你想要創業做生意，身邊卻有很多人告訴你現在生意很難做、可能會賠錢、可能會不好等等。又或是你想要投資，大家告訴你可能會被騙、可能會賠本、可能錢會拿不回來等等之類的話。

想起剛開始學投資的時候，曾經碰過一個長輩說股票都是騙人的不要碰，當時覺得奇怪為什麼會說股票是騙人的，後來才知道原因，原來是因為這位長輩之前融資融券投資股票，結果賠掉一輩子的累積。之後就一直告訴人家不要碰股票，這個行為是不是就像被灑冷水的猴子呢？如果未來有聽長輩話的後輩，被人家問到投資的事情，這個後輩也同樣回答股票不要碰，因為股票是騙人的，這如同

新的猴子，問他原因他也只會告訴你長輩說的，但完全不了解事由。

　　即使再優秀的人才，在思考問題時都可能陷入「慣性思維」的陷阱裡，因此在思考時難免受到過往經驗或者固定模式的思維影響。什麼是慣性思維呢？它是我們由過往經驗長期累積形成的習慣，這些習慣組成往往來自家庭、親戚朋友，以及生活的環境。雖然它可能經過正確性的驗證，但是卻會大幅地影響我們的判斷能力，卻對此毫無自覺。

　　但問題就出在這裡，我們覺得理所當然的事情，可能只是被慣性思維限制的結果。這時圈子的重要性就顯現出來了，如果你在固定的環境裡，想要改變思維的「信念」其實是非常不容易的，因為在你原本的環境裡，你的思維可以解決百分之九十以上的事情。但我們都應該反思，這樣的思維是否能夠讓你賺到錢，並且讓你成為富有的有錢人呢？也有人將「信念」用另外一個詞彙，就是大家熟知的「吸引力法則」。你的思想會創造出你的現實，前提是你真的想，並且正確有自信地想。

Show Case

　　有一個辛勤工作的老農夫，天天都要到他的玉米田裡去照顧自己的田地。有一天，有個開跑車的富豪駕車經過，看到他的玉米非常的飽滿，感覺很是可口，所以想要買他的玉米回去給家人，於是便下車喊了老農夫。老農夫聽聞富豪出高價買他的玉米，當然很高興，於是便把自己的玉米賣給了這位富豪。

　　老農夫當晚一直想像自己也能成為一個富豪，過著每天都有人幫自己種玉米田的生活，然後自己可以有取之不盡的玉米可以享用。用賣出豐收玉米的收入，也為自己買一輛跑車，也到別人的田裡去收購人家的農作物，這樣不知道該有多好。

　　看完這個故事，你會發現這個老農夫的思維從頭到尾都沒有脫離自己的慣性，他用自己生活中接觸到的一切來思考其他人的環境，用他自己的環境來畫出別人的生活，這就是我們都應該反思的地方。

　　猶太人常常聚在一起討論事情，針對一些思考觀點或是問題進行數小時的辯論，藉以累積自己的智慧。有一個公開的秘密，如果長期堅持固定進行某種行為訓練，這個

行為會變成人們的「天性」。也就是說大家可以刻意地透過練習去學習那些成功人士的行為，而成功人士全部都擁有不同的性格與個性，那應該要學習什麼呢？你應該學習他們對自己「信念」的「自信」。

2. 遊戲規則：自信

「自信」也是富豪遊戲的遊戲規則之一，但並不是盲目的自信，盲目的自信應該叫做自負，而不是真正的自信。真正的自信是對自己的認識，自信是一種內在與外在的結合，它包括你的穿著形象、言行舉止、生活修養、知識水平以及家庭出身等，以上其實除了家庭出身以外，其他的都可以透過我們自己去改變，改變自己的穿著、形象、言行、舉止，甚至是自己的知識水平以及生活習慣，這些都可以透過我們自己刻意的練習去做調整。

第一級

人的認知等級分為四種，第一級也是最初的一級——不知道自己不知道。在這個階段下，你不知道你自己要的是什麼，或著是你自己根本不知道自己在做什麼。這樣的人多數還沒有人生目標，盲目地生活著，沒有自己人生規劃地活著。遺憾的是，大多數的人都處於這個階段，這個

階段有一個最嚴重的問題，就是自負，覺得自己很行，覺得自己什麼都可以，看看在學階段那些荒唐的學生就可以知道，他們覺得自己是對的，自我感覺良好，但是卻根本不知道自己在做什麼。這也證明了為什麼初生之犢不畏虎，因為根本不知道自己有什麼不對。

第二級

　　認知等級第二級——知道自己不知道。這個階段我們知道自己不知道什麼事情，這樣講可能有點饒舌，舉個例子：我們知道要為自己創造更多的收入，但是卻不知道方法。這個階段會開始慢慢對自己有自信，因為你已經開始認識到自己，這也是人生開始最大的轉折點。處於這個階段的朋友，你已經知道要做什麼，你的目標可能已經有了，唯一缺乏的是方法。有部分比例的朋友知道自己要什麼，因此願意學習尋找方法，最後也會因此找到方法。有一部分就比較可惜，因為不願意學習，所以最後還是只知道自己不知道。如果這個階段願意投資自己，讓自己投資時間、精力甚至金錢去學習，你未來的成長潛力以及爆發力都會非常驚人。

第三級

　　認知等級第三級——知道自己知道。舉個例子：你知

道今天的目標是前往香港，你也知道自己知道要搭飛機才能前往香港，這就是知道自己知道。通常知道自己不知道的朋友，透過學習就可以進入到這個階段，在這個階段你會顯得更有自信，因為你更有解決問題的能力了，而且還會持續學習加強自己的能力。你知道要做人生的退休規劃，也知道應該要如何執行，這時候你缺的就只是執行的毅力及時間了。只要找到對的方向堅持下去，最後一定會有所成就。

第四級

　　認知等級第四級──不知道自己知道。騎上一台腳踏車，腳放上踏板，開始踩踏板保持平衡地前進；或是跳進泳池的水裡，身體自主地找到一個姿勢游到對岸。股神華倫・巴菲特在做投資決定時輕而易舉，這些都是透過經年累月的累積，身體自主地已經成為了習慣，可以隨心所欲地運用。這時你已經融會貫通，知識已經是你的一部分，當有人詢問你的專業知識時，你會對自己很有自信，可以輕鬆自如地侃侃而談。

　　富豪們的自信建立在對自己「解決問題的能力」上，他們知道自己的人生需要什麼，清楚明白自己的目標在哪裡，他們也有方法達成自己想達成的，甚至賺取財富已經

是他們的基本反射動作了。富豪們達成信念目標的自信是建立自己身上，他們知道自己不知道，所以學習；他們知道自己知道，所以積極努力執行；他們達到不知道自己知道，所以輕鬆完成人生的各種成就。

很多人在碰到機會的時候踱步不前，其實多數都是對自己沒有自信，害怕失敗之後要面對的後果，害怕失敗後要面對的挑戰，害怕失敗後要接受其他人的冷嘲熱諷。

你會害怕改變嗎？如果你是有自信的人，你不會害怕，因為你會知道你能面對一切的挑戰。所以，讓自己有自信做決定吧，不要再次地聽從那些並不富有的人給你的聲音。

確立有「信念」的目標，不要理會那些抱持消極想法的人，有「自信」地相信自己，努力達成目標吧！

3. 遊戲規則：理性

要掌握自己的命運！有一句很經典的話是這樣說的：「全世界的錢，都在美國人的口袋裡，而美國人的錢，卻都在猶太人的口袋裡。」這樣的一個民族是怎麼樣掌握自己命運的呢？引述猶太人常說的一句話：「擔心鳥會破壞莊稼的人，連種子也不播。」用簡單的例子來詮釋這句話：「害怕投資會賠錢的人，連學習都不會開始。」

Show Case

西元 1933 年，希特勒和納粹在德國興起，猶太人的生存處境變得非常嚴峻。反猶法律以及對戰爭的擔憂，導致許多猶太人從歐洲逃往世界各國。1939 年，第二次世界大戰爆發。1941 年，希特勒幾乎佔領了整個歐洲，包含當時有大量猶太人口的波蘭和法國。同年，納粹有組織地計劃大規模滅絕猶太人，在當時約有 600 萬的猶太人遭遇了死神的名喚。

而經歷這一切的猶太人並沒有因此而倒下，他們勇敢地面對種種的困難與挑戰，並重新建立起自己的國家，為自身以及自己的民族爭取榮耀。

人與生俱來就擁有豐富的情感，恐懼、擔憂、害怕等情緒也是情感的一個部分，這三種情緒時時刻刻都會伴隨著投資人，而優秀的投資人往往能做好一切的準備，然後克服這些負面情緒去行動。這是富豪遊戲的規則之三，「理性」。

敢於在金融風暴或是金融海嘯爆發時進場的投資人，往往都獲得豐厚的投資回報。他們其實不是不害怕，而是他們理性地運用智慧做好規劃，然後提起勇氣放膽去執

行，這是他們贏得遊戲的原因。

數度成為日本首富的軟銀集團（Softbank）社長孫正義，每年投資報酬率都相當優異，超過百分之四十。孫正義曾說：「當一個投資案的成功率百分之五十的時候，並不是最好的下手時機；若是勝率達到百分之九十的時候出手可能已經太遲了；百分之七十才是最好的出手點。」可惜的是大多數的投資人，都希望勝率在百分之九十的時候出手，所以往往錯過很多的好機會。

當恐懼與害怕的情緒開始影響你，記得提醒你自己，有智慧且理性地去面對它，用積極的心態去接受並處理你的情緒，這是你成為職業投資人的重要階段。

在這個國際化的社會，你可能這個月在台北，下個月在日本，下下個月又可能在香港。你穿的衣服可能來自於日本，你穿的鞋可能來自於義大利，你用的手機可能來自於美國，也可能來自於歐洲各國。

這已經是一個國際化的時代，你應該運用世界各地對你有益的資源，有效發揮到對未來有幫助的地方，藉此強化你的世界觀，以及加強自己對未來的掌握度。換個角度想，你正在為未來的退休生活做好旅行的準備。

但是筆者我同樣不鼓勵為了賺錢到國外打工，因為我們身邊有太多的案例證明，到國外打工順利存到錢的比例

之低，絕對超乎你的想像。很多人都會高估自己的毅力，而忽略了環境對你的影響。當然，如果你是為了未來的某項目標做準備，那麼我真心建議你去，因為你的目的不是成為高薪的勞工，而是真的有確切的計畫。如筆者當時成為海軍志願役，就只是為了第一桶金而去。若你只是為了賺到更多錢，你應該評估它的經濟效率，而不是只是想體驗或想增加經驗，那只會讓你花費更多的時間去彌補你失去的時間。

全球有超過七十億人口，我們所處的台灣，人口不到三千萬，在這個幅員廣大的地球村中，可以善用的工具處處皆有。

國外的投資理財工具、金融商品種類，與你在國內能接觸到的金融類型並沒有太大差異，最大的差別在於不同幣別、不同的報酬率、不同的文化以及法令。如果你的疑慮是安全性，那麼我建議你可以不必擔心這麼多了，因為在海外有更多世界級的金融機構，比如香港或是新加坡，其安全性以及穩定性，在國際上至少比台灣高出一個等級。原因很簡單，能被稱為亞洲金融中心，表示服務的人次更多、服務的金額更大、服務品質更好、法律必須更加嚴謹，相對地，銀行也更多、競爭更大。在這樣的環境下能夠生存，必定是經過更強勁的淬鍊，所造就的結果。

很多人無法接受國外投資的原因，都只是因為心裡的那道坎一直過不去而已，但是我們有沒有想過，國外有七十幾億人口是正常使用這些工具不是嗎？我們會做投資評估，其他人當然也會，我們應該用更多的理性與邏輯，用更大格局，有智慧地去評估這一切。

評估的差異性也不大，這些資訊以及商品都只是工具，俗話說得好：「工欲善其事，必先利其器。」你要讓你的資產能夠幫你去工作生財，那就應該給它一個良好的工具，這樣它才能幫你創造更高的效益。

你希望為你工作的那個人是超額完成進度，還是今日事今日畢？你會希望他告訴你昨天跟朋友出去聊得太晚，所以要再等一下嗎？如果這個人，就是幫你工作創造財富的錢呢？

4. 遊戲規則：行動

百事可樂前任執行長約翰・斯卡利曾說：「預見未來最好的方式就是創造未來」，這是一句發人深省的話。富豪遊戲規則之四——「行動」。

有錢人時時刻刻關注賺錢的機會及資訊，這是他們的興趣，也是他們創造自己未來的方式。我們的時間會為我們做最好的驗證，你從現在開始做，幾年後時間會成為你

的顧問。它會告訴你，你所做的是否如你所想的，如果是，你的顧問會告訴你這段時間你獲得了多少的成就。

Show Case

當年那位年輕的男孩，也就是筆者本人，在店面開幕兩年後，27歲那一年，很順利地將當時的生意轉售給其他的經營者。轉售的原因有很多，其中之一就是想做更大的生意，因此需要更多的現金。當然在這之後，因為驕傲，所以讓人生陷入了一連串的波瀾。

那一年我永遠不會忘記，那是我人生中第一次與人合夥創業，我很感謝這一切的經歷，因為這段經歷讓我的人生更加精采，也有更多可以分享的故事。

當時的主事人年長我九歲，因為想法是他提的，理所當然地他成為了公司的創辦人，而我則擔任這間公司的營運長。初期我們沒有人手，也沒有足夠的錢可以做想像中的大生意，於是我被授予的第一個任務，就是找到可以經營公司的人手，以及可以發展公司的資金。

大約花費了兩、三個月，我們找來比較要好的朋友，還有部隊的兄弟。除了經營公司的八個人之外，再加上十多個人，組成這家公司的關係人也就是股東。另外，還有

他們陸陸續續到位的營運資金一千三百多萬，這些當然都是大家的心血及累積。

這是一家整合行銷公司，老闆是口才非常厲害的人，營運長是滿腔熱血，第一次創業就嚐到甜頭的小夥子，所有共同創辦人都是與我年紀相仿的朋友或是朋友的朋友，完全沒有老闆自己找來的人，也完全沒有老闆找來的資金，當時沒有合夥經驗，完全不知道這樣可能會有什麼問題。老闆給這家公司起了一個名字──「奇蹟整合行銷」，事發後我們才知道，為什麼用奇蹟這兩個字。

營運階段中，我們三度查覺老闆有點問題，第一是帳務不清楚，我們要帳都要不到數字；第二是離間，離間這些認識我的朋友；第三居然是帳單付不太出來。到此，我想讀者也已經發現問題了。

公司開始營運其實也才短短六個月，期間大家也為了降低公司的成本，所以只領過一次底薪，租金與管銷是多少，大家心裡也都很清楚，這絕不可能用到上千萬的資金，於是爭執就爆發了。

事發過後，這一跤跌得很深，我為我的朋友承擔了一半的責任，背負了五百六十萬的負債。當時的心裡想到：如果每個月三萬塊工資，要多久能還完這筆債務？因此當時的心情非常低落。

　　幸好，生性比較樂觀的我，秉持著相信自己可以重新站起來的信念，在擔下責任的第三天，我們跑到工地開始了工地的工作。選擇工地是因為天天可以領薪，能夠更快地運用手上的資源。

　　發生這樣的事情當然非常不甘心，所以我們跑警察局也跑法院，法院要我們佐證，於是我們到警察局請警察幫我們調查看看這個人，不查不知道，一查嚇死人，這個前老闆居然是連續七年被告詐欺的詐欺通緝犯，能夠再被他騙個一筆，真的是堪稱奇蹟。

　　知道這件事情之後我們當然非常氣憤，為什麼這樣的人還可以出來社會上遊走，而不是被法院抓去判刑。

　　這一跤跌倒過後，我親身感受到了人情冷暖，發生很多讓我感動的故事，這些心裡的感觸真的是難以言喻的，我想這些事情沒有經歷過的人永遠不會懂。女朋友陪我到工地工作，她也是這個事件的受害人，因為我的慫恿，她也離開了原本的地方，放棄了穩定的工作，陪我經歷人生的起伏，她不但沒有離開，還陪我走過了人生的低潮。幾個一起受害的朋友也陪我到工地工作，幾乎把所有的收入都交給我，就為了幫助我快點脫離人生的低潮。

　　當然，我也沒有辜負他們，在工地幾個月後我們找到了站起來的方法，準確來說：是重新開始使用「財務槓桿」

幫自己度過難關。其實在當時的狀況下確實異想天開，我們見人就訴說我們的故事，並告訴他們，「我們想要翻身，我們不甘於此。」可能是老天有眼，我們很幸運地找到了願意幫助我們的貴人。

有趣的是，雖然我們受到很多貴人幫助，但並非一路順遂。可能是開店的時候太順風順水，上天需要重新磨練一下我們的心志。這一年的時間，我們陸續又碰到了三個詐欺犯。一個開著跑車，講著破解直銷組織的制度有多好賺，到處說付多少錢之後可以賺多少，該案有兩百多人受害，犯案人連續三年被告。一個說自己曾是某科技公司老闆，因為受騙而公司倒閉，碰巧也是我們的貴人給予幫助，最後發現他只是那間科技公司的員工。一個說自己是退休教師，真實身分並非老師的跑路會頭。

在歷經種種事情之後，我發現大家都期盼著我可以成功。也有長輩告訴我們，我們經過這些事情還可以一直去信任別人，這應該是人性的光輝。大多數人在碰到一、兩次這樣的事情後，大多會怨天尤人。當時的我們當然也需要情緒的宣洩口，但我們選擇找到方法，找到出路，於是就真的找到路了！

起起伏伏的一年後，我們順利地翻轉人生，解決了我們的債務問題，期間也為了不要再受到傷害，我們陸陸續

續投資自己學習，學習的費用超過上百萬。而那些陪我到工地的朋友，他們是我人生中的貴人，也是我現在事業的合夥人。

透過我的親身故事，是想要告訴你們：「你想要過什麼樣的人生，想要成為什麼樣的人，都是自己決定的，不是在別人的嘴裡，更不會在其他人的思想裡。」

你應該相信自己可以，快速教你看個手相，非常簡單，不用一分鐘你就能馬上學會。男生伸出左手，女生伸出右手，掌心攤開朝上，你會看到很多掌紋線，裡面有生命線、事業線、姻緣線等紋路，先不要管哪一條線代表著什麼，認不出來也沒關係，我們把拳頭握起來，然後問自己一個問題，是不是這些關於你的一切都在你的手心掌握之中呢？

你的人生在你的手裡，而不是別人的嘴裡，人生真的可以有很多變化，怎麼做選擇的權力其實就在自己手上。而我即是選擇主導自己的人生，不是任由命運擺布。想想看，如果你負債五百六十萬，一個月領著三萬塊的薪資，扣掉生活開銷，每個月還一萬塊，五百多萬大約要多久才能清償呢？

再換個角度想，如果你未來退休時需要三千萬的資本

累積，幾年後你存得到三千萬呢？大多數人選擇減少自己的夢想，但我們生下來不就是為了享受生活嗎？因此，你應該選擇放大你的格局，掌握自己的人生。

開始「行動」吧！為自己的人生做點什麼，風險並不可怕，可怕的是你連「理性」克服恐懼去「行動」的勇氣都沒有。全世界數十億人口，只有一個人可以阻擋你實現夢想，那個人不是別人，而是你自己。

成功的人知道，你必須自己激勵自己，因為沒有人會替你做這件事。跟自己立下約定吧，設定自己的目標，然後找到方法去達成它。

5. 遊戲規則：知能

大家一定聽過，「智慧是搶不走的財富」這句話。比爾·蓋茲最欣賞歷史上第一位億萬富翁洛克·菲勒，這位曾經佔有全球百分之九十二石油市場的億萬富翁曾說過一句名言：「如果讓我一無所有，然後把我丟在沙漠。只要有一隻駱駝商隊經過，我依然會成為世界首富。」這是對自己能力的自信，也是對自己知識的認同。

Show Case

　　有一個關於猶太人的知名故事，在二次大戰期間，有一對名為麥考爾的猶太人父子，被送到了納粹奧斯維辛集中營。這個父親經常對著他的兒子說：「我們什麼都沒有，唯一擁有的財富僅僅只有智慧。當別人告訴我們一加一等於二的時候，你必須要想到一加一應該如何大於二。」猶太人的經商能力之所以能享譽全世界，除了依靠「基米拉法」這套「一切成交都是因為愛」的銷售法則外，更主要的是猶太人懂得如何創造出大於物體本身的價值。

　　數年的時間過去了，這個納粹集中營有近百萬的猶太人死去，而麥考爾父子很幸運地活了下來，直到第二次世界大戰結束，他們隨著美軍來到了美國。

　　西元 1946 年，麥考爾父子總算有了一處地方可以定居下來，這個地方也就是後來的休士頓，倆人就在這個地方從事銅器生意。

　　有一天，爸爸問他的兒子：「你知道一磅銅的價值是多少錢？」

　　兒子回答：「現在一磅銅的價值 35 美分。」（100 美分等於 1 美元）

　　爸爸說：「你說得對，不只是休士頓，整個德州的人

都知道一磅銅的價值是 35 美分，但你應該回答我 3.5 美元，不相信的話你把這一磅銅做成門把賣出去試試看。」

二十年後，老麥考爾逝世，小麥考爾繼承了父業，獨自經營銅器生意。這段期間，麥考爾做過銅鼓，做過瑞士鐘錶上的簧片，也做過奧運會的銅獎牌。甚至曾經將一磅銅賣到三千五百美元。此時他已經是一家略有名氣，也稍有規模的公司董事長了。但是，讓他揚名美國的不是這些經歷，而是自由女神像下，一堆沒有人要的廢棄垃圾。

西元 1974 年，美國紐約政府為了清理自由女神像翻修工程遺留下來的廢料，向社會公開招標，希望有人能來處理這些廢料。但由於紐約州對於垃圾處理有很嚴格的規定，而如果沒有處理好就會受到環保組織的起訴，屆時恐怕連政府給的標金都不夠賠，所以好幾個月過去了，也乏人問津。

此時正在法國旅行的麥考爾聽說這件事情過後，立刻就調整行程轉飛紐約。當他看見自由女神像下堆積如山的銅塊、螺絲、木料後，沒有提出任何其他的條件，便與紐約政府簽下了同意承包這個清理廢料的標案。

當時很多人不理解他的舉動，就在很多人嘲笑他買了一堆垃圾時，他開始組織工人，對廢料進行分類。他請工人把廢銅融化，同時鑄成小型的自由女神像。把木頭跟石

頭加工成女神像的底座，同時把廢鉛、廢鋁做成紐約廣場的鑰匙。

後來大家才明白，原來他一開始就沒打算清運這些廢料，而是將這些被稱為廢料的物品做成了紀念品。不到三個月的時間，這堆沒有人想要處理的廢料，變成了三百五十萬美元的現金，每磅銅的價格經過他的處理之後整整翻了一萬倍。

這是一個很經典的成功故事，創造資產的智慧不只作為猶太人的財富，它也能作為每一個人的財富，它能引導人們遠離貧困，走向成功。在猶太人眼中，任何東西都是有價的，但智慧作為人生的財富，卻是無價的。金錢可能遺失或被掠奪，但是知識是任何人也無法搶走，它是一筆永恆的財富。

在精明的猶太人眼中，只要你活著，智慧就永遠跟著你。猶太人很清楚，人們不會因為有知識獲得財富，而是我們必須將所獲得的知識，經過思考與運用成為真正的智慧，這樣才能創造出利潤。這也是遊戲規則五：「知能」。

智慧是一種資本，成功的猶太人都清楚這點，所以他們更懂得如何去為自己創造資本。而提升自己的「知能」，也就是理解、判斷、邏輯等思考能力，才能將知識轉變為

智慧，從而創造出真正屬於你自己的財富。

　　如果你經常接觸成功者，就有機會成為成功者；如果你經常接觸富人，你就有機會成為富人。這也是為什麼富有的家庭較容易培養出會賺錢的孩子，成功人士的圈子較容易出現成功者。這就像我們要學習某種語言，把自己丟到那個環境裡，相對會比較容易，因為環境是最容易影響你的。

　　向富有的人們學習他們的經驗，跟他們相處你會得到很多啟發跟創造財富的機會。這件事情筆者可以幫大家證實，為什麼我們的手中總是有多到數不完的機會，還多到可以成立一個分享機會的俱樂部，這是因為他們手中的機會太多了，賺錢真的只是他們的興趣，也已經是一種習慣，把賺錢當作興趣甚至成為習慣的人，他們當然只會更富有，因跟果是持續循環的。如果你每天都跟窮人相處，你除了學會節儉以外什麼都學不到。窮人之所以窮，不是因為他們沒有錢，而是因為他們根本沒有一個會賺錢的腦袋，他們從不討論賺錢的商機與知識，他們抱怨家庭、身世、環境，甚至是政府，但從來不檢討自己。

Show Case

　　艾森豪是美國第 34 任的總統，他在年輕時常跟家人一起玩紙牌。有一次晚餐過後，他就像往常一樣，跟家人一起玩紙牌。但這一次，他的運氣非常不好，連續好幾次拿到的都是很差的牌，於是開始發起了脾氣。

　　他的母親見狀，說了一段非常富有哲理的話：「人生就跟打牌一樣，發牌的是上帝，不管你手上的牌是好是壞，你都必須控制自己的情緒去面對。你能做的，就是把自己的牌打好，用盡全力爭取最好的結果」。

　　這個簡短的故事要告訴我們，人的命運多采多姿，無論好壞，我們都必須接受，我們應該去改變自身能夠改變的環節，接受自己無法改變的，再差勁你都得接受，因為抱怨沒有辦法讓人改變無法改變的現實狀況。唯有自己才是你能改變的決定性關鍵。

　　日本被稱為經營之神的知名企業家松下幸之助說：「我有三個缺點。第一，我家裡窮；第二，我沒有學歷；第三，我身體不好。」

　　這樣看起來他不只是拿到一張鬼牌，但松下幸之助卻說：「貧窮讓我知道必須奮鬥才能成功；沒學歷讓我知道

需要不斷學習；身體不好讓我更懂得謙卑，因為我需要別人的幫助。」經營之神選擇改變自己，所以他被稱為經營之神，他控制他可以控制的，並接受那些他不能去控制的事情。

用你的「知能」去判斷，哪些事情你能夠改變，哪些事情是你無法改變的。你會發現，人生有一條新的路出現，這條路更寬敞，更容易成功，因為這條路上，你能掌控大多數的事。

多數的人知道要為自己設定目標，但潛意識裡卻沒有自信能夠達成，甚至害怕碰到什麼問題或被其他人用異樣的眼光看待。最後失去行動力也停止學習，被自己也被這個社會磨光鬥志。

這五項遊戲規則，所提的必要因素其實都與你自身有關，從設立人生目標的「信念」，打從心底相信自己可以做到的「自信」，控制情緒戰勝恐懼的「理性」，著手幫助你達成目標的「行動」，以及為自己找到成功方法的「知能」，這些都是你可以掌握的，結合這五點並且去運用，這些就會成為屬於你的智慧。

人生的樣貌應該展現在你的腦海裡，而不是別人嘴裡。

2-3
時間是你的資本

　　所有的人類終其一生時間都是有限的，我們的生命平均年齡約 85 歲。85 年，一共 1020 個月，單位換算成天，我們的一生不過就三萬多個日子。在這三萬多個日子裡，懵懵懂懂的階段就用去了近三分之一，剩下的你打算留下多久來創造足夠你享受人生的財富，又打算留下多久時間來享受人生呢？

Show Case

　　一日，孔子看見河水涓涓東流，日不歇夜也不停，感嘆地說道：「逝者如斯夫，不舍晝夜！」意思是說：「時間的流逝就像這條河水一樣，日日夜夜一刻都不曾停下來啊！」西方人也把時間比做一條河，從遙遠的過去，流向無窮的未來，永不停息，也不倒退，現在不過是時間之河上的一小點罷了。

　　大多數的人都聽過這句話：「時間就是金錢」。在如今這個資本主義至上的社會中，時間確實就是金錢，但是金錢卻買不回時間，因為時間就是你的生命，這是金錢無法取代的。遺憾的是，大多數人選擇賤賣時間，揮霍生命，以換取穩定的生活，卻忘了我們生到這個世界上應該是來體驗這個世界的旅程。

　　大多數人認為的穩定生活真的穩定嗎？我們舉個例子來算看看，一個每月五萬塊薪資收入的 25 歲上班族，不投資，每月如果能存下兩萬，四十年後 65 歲，這個上班族會擁有九百六十萬，四十年後的九百六十萬可以做些什麼呢？如果你現在一個月僅有三萬，也只能存下一萬，四十年後你有四百八十萬，你可以付完房屋的頭期款，然後債留子孫。喔不，到時候的四百多萬可能連頭期款都付不起了。

　　如果我們的一生就只值五百萬，那我們都應該重新思考所謂的穩定生活到底是什麼。拿充滿活力的青春生命去換取極少的金錢收益，這簡直太瘋狂了。用四十年的時間去換取五百萬的存款，這難道不比你依靠投資或是去創建一個事業瘋狂嗎？二十世紀最重要的猶太裔物理學家愛因斯坦曾說：「瘋狂就是重複做同一件事情，但是每次都期待不同的結果。」

金錢是可以複製的，但是時間不行，人生只有一次，時間是每個人都應該珍惜的財富。有個關於嬰兒的故事，可以說明時間就是生命的道理。

Show Case

對於剛誕生在這個世界上的嬰兒，他們赤裸著身子來到這個世界上，一無所有，什麼都沒有帶來，你認為剛來到這個世界的嬰兒，有什麼是他的財富呢？

在瑞士，孩子出生時要申報戶口，申報戶口的申請書上都有一欄需要填寫財富的表格，而瑞士的父母都會在這一欄中填寫「時間」，對於一個剛出生的孩子而言，時間就是這個孩子一出生就擁有的財富。難道不是嗎？如果這個孩子連時間都沒有，那不就表示這個小生命不在了嗎？

對於每個人來說，時間就等於生命。有的人用盡一生追求金錢，等到不再年輕的時候，才會發現自己已經失去更多，因為時間無法回溯，也因而失去了人生最初的第一筆財富。

每個人的時間都是有限的，所以如何運用時間的方式及效率就非常重要了，為什麼要鼓勵大家投資，為什麼要

用錢去滾錢，因為你的時間只有二十四小時，這二十四小時你需要吃飯、工作、睡覺，但是金錢不用，它可以二十四小時都在為你工作。

運用手邊的資產提高你的時間效率，這是很重要的事情。通常大家看到的都是我花多少時間可以賺到多少錢，投資了之後可以賺到多少錢，比如薪資原本是五萬但是做了投資之後收入可能增加成六萬、八萬，甚至是十萬。

但大多數人都忽略了，其實你的投資是為了賺回未來的時間。原本只有依靠薪資所得，你可能工作四十年後才能依靠政府退休。而靠自己投資賺來的錢加上薪資所得的累積，你可能只需要工作二十年後就可以不需要依靠政府，而是憑藉自己退休。靠山山倒靠人人倒，政府不可靠隨時會倒，靠自己不是更好嗎？

時間是組成我們生命的要素之一，能夠高效率運用時間的人往往都較容易獲得成功。美國開國元勳之一，有著多個成功身分的慈善家班傑明·富蘭克林曾說道：「悠閒的生活與懶惰是兩回事」、「沒有準備的人，就是在準備失敗」。

如果你想要過上悠閒且有品質的生活，那應該要現在就開始準備，因為生活所需要的開銷並不會憑空而來。想要在退休時擁有一筆足夠用一輩子的退休準備金，或是創

造足夠幫助你退休的持續性非工資收入，現在就開始動手準備吧！

　　準備的方式其實也不難，為自己設定好理想的退休年齡以及退休金數字，用反推法就可以輕鬆簡單地把夢想化為目標。

　　舉個簡單的例子：知名的小明今年 25 歲，想要在 45 歲退休，希望退休後每個月可以有中等品質的生活，所以每個月需要大約六萬塊的花費。

　　我們來計算一下，45 歲想退休，若以年齡 90 歲來看，需要準備 45 年的花費支出，每年要用掉七十二萬，45 年不考慮通貨膨脹，共需準備三千兩百四十萬，這是第一個計算方式；第二個計算方式，每年需要開銷七十二萬，假設我們找到一個年化報酬率在 7.2％的穩定工具，就只需要準備一千萬元，每年獲利七十二萬剛好可以打平開支。如果覺得一年 7.2％的工具風險太高，我們退求其次，找個年報酬率在 5％左右的，也只需準備一千四百四十萬。

　　我們再用三千兩百四十萬跟一千四百四十萬這兩個數字來看，今年 25 歲想要在 45 歲時退休，共有 20 年的時間。如果是 3,240 萬，每年需準備一百六十二萬，相當於每個月要賺十三萬五千以上才有可能存到這個數字；若用一千四百四十萬來看，每年只需要準備七十二萬，每個月

所得在六萬塊以上就可以做到了。

這就是有投資跟沒投資的差異，這樣的數字計算其實很簡單，只要你願意開始利用遊戲規則，並且運用你的時間，以及你手中金錢的時間就能夠立刻開始。

在英文的單字裡，「Present」是現在，也是禮物。我們的生活中隨時隨地都會出現機會，只是我們不一定能夠發現，當你有足夠的智慧發掘時，你會發現其實處處都是禮物。

時間本身不會增值，但是它會帶來很多東西給你，最簡單的比喻，你的投資可能正在增值。如果時間運用得當，你的財富就會持續增加，或是你賺錢的能力正在增加，只要時機一到，就能創造財富。

時間也能印證很多事情，比如你的眼光，或是智慧。美國的百貨業鉅子，約翰‧甘布士就是一個很好的例子。

有一次，約翰‧甘布士所處的地區陷入經濟蕭條，不少的工廠和店家紛紛倒閉，大多數的商家都被迫賤價拋售自己堆積如山的庫存以降低損失，當時的價格低到一塊美元可以買到一百雙襪子。

　　那時，約翰‧甘布士還是一家紡織製造廠的小技師。他看到這個情況馬上把自己的積蓄全部用來收購這些低價的貨物，大部分的人看到他這樣，都公然地嘲笑他的作為。

　　而約翰‧甘布士對別人的嘲諷一笑置之，依舊持續收購各家工廠拋售的貨物，而且他租了一個很大的貨倉來儲存貨物。

　　到後來連他的妻子都勸他，不要再繼續買這些別人廉價拋售的貨物了，因為他們歷年來的積蓄有限，而且都是準備用在子女未來的教育經費。如果這些錢血本無歸，後果就會不堪設想。對於另外一伴如此憂心焦慮，約翰‧甘布士安慰道：「三個月以後，我們就可以依靠這些廉價貨物發大財。」

　　沒多久過後，那些工廠賤價拋售的貨物再也找不到買主了，於是這些商家便把存貨運走全部焚化，以此穩定市場上的物價。

　　約翰‧甘布士的太太看到別人已經在焚燒貨物，焦慮的心情又更焦慮了，便開始抱怨甘布士。對此，甘布士選擇沉默以對。

　　終於，為了防止經濟繼續惡化，美國政府開始採取預防措施，穩定甘布士所在地的當地物價，並且大力支持廠

商回復營業。此時,當地因為焚燒貨物過多,幾乎沒有庫存,物價就開始一路飆高。約翰‧甘布士看到這樣的情況,馬上就開始把自己庫存的大量貨物拋售出去,一來馬上賺進了一大筆錢,二來市場因此開始穩定,不至於繼續飆漲。在他決定拋售貨物時,他的妻子又勸他暫時不要把貨物出售,因為妻子認為物價還在飆漲。

甘布士平靜的說:「是時候賣了,再拖延一段時間,就會後悔莫及。」

果然,甘布士的庫存存貨才剛剛全部售完,物價便因為工廠的產量回復開始穩定,物價也跌回正常標準。他的妻子才對他的遠見欽佩不已。

後來,約翰‧甘布士用這筆賺來的錢,開設了五家百貨商店,他的業務也十分順利。再後來,甘布士成為了全美舉足輕重的百貨業商業鉅子。

他曾在一封給年輕人的公開信中說道:「親愛的朋友,我認為你們應該重視那萬分之一的機會,因為它將帶給你意想不到的成功。有人說,這樣的行為是傻子才會做的事,這比買彩券的希望還渺茫。這個說法是偏頗的,因為彩券是由別人來開獎,與你的努力絲毫無關;但是這種萬分之一的機會,完全是靠你自己的主觀努力去完成的。」

約翰‧甘布士的經驗之談,說起來極其簡單:「不要

放棄任何一個那怕只有萬分之一可能的機會。」

　　有句俗語是這樣說的：「不入虎穴，焉得虎子」，這句古語顯示了一個千古不變的道理，世界的改變，生意的成功，幾乎都屬於那些敢於行動、抓住時機、勇於冒險且不放棄機會的人。

　　每一次時機來臨時，其實都在驗證你的眼光與智慧，如果你已經準備好了，累積得足夠了，自然而然地財富就會到你的身旁。

　　多數的人自以為很聰明，覺得自己對於不測因素及風險看得很清楚，不敢去承擔一點點的風險，結果就是聰明反被聰明誤，日子永遠只能剛好糊口而已。

　　實際上，大多數人認為很安全的「存款」、「定存」、「儲蓄型商品」，風險都高達百分之百，這點我可以為所有讀者佐證。大多數的人都說「高報酬高風險，低報酬低風險」。很多人會說我存在存摺上的數字不會少，不會被偷也不會被搶，銀行很有保障。理論上這些都沒有錯。

　　我相信你聽過「通貨膨脹」，通貨膨脹會隨著時間增加，這個大家都知道，但可能通貨膨脹這個詞太晦澀了，大家沒有真的理解，我們用簡單一點的方式讓讀者更加了解何謂通貨膨脹，認識「實質購買力」。

　　當通貨膨脹比率大於銀行的儲蓄利率，你把錢存在銀行，百分之百賠錢，因為「實質購買力」下降了，而且越降越低。比如茶葉蛋的價格回不去了，一碗牛肉麵的價格下不來了，餐點的份量變少了。東西變少、變貴不是你的錯，這是正常的經濟發展必然會出現的結果。但是同樣的一百塊，以前跟現在可以買到的東西就是不一樣了。

　　那麼未來呢？我們可以很肯定地知道，未來的物價只會更高。那麼你說數字沒有變？去問問家裡的長輩，或者問問自己，二十年前定存兩百萬，現在的兩百萬可以做些什麼？

　　世界知名企業微軟的創辦人比爾・蓋茲曾說過一句話：「金融是必要的，但銀行不是。」

　　銀行不是你的投資工具，銀行現在唯一的功能只剩下「保管」了，就連「保值」都做不到。這也表示，在你的錢沒有多到需要銀行幫你「保管」的時候，開始累積財商智慧，用錢去滾錢吧！

　　這個世界上沒有零風險的投資，因為存錢在銀行的風險都是百分之百賠錢，如果你真的想要開始賺錢，讓錢活起來吧。我常常對朋友說：「世界上沒有最好的投資標的，只有最適合自己的。」因為每個人的風險承受度不同，對風險的認知也不同，對未來時間的計畫更是不一樣。

　　回到本書的前半部分，如果你真的問了那些白手起家的富豪，他們是否損失過或是被騙過錢，九成以上的都是肯定的。

　　猶太人曾被世人稱為「投機家」，大多數人都認為猶太人做事情太過於冒險了。勇於冒險是一個讚美的詞，投機卻是貶義詞。而現在，原本被稱為投機家的猶太人，有了一個新的形容詞。因為現在投機取巧的事情或是小聰明才被稱為投機，大家改用「風險管理」這樣的詞彙，於是猶太人又變為「風險管理專家」，原來他們不僅僅是敢於冒險，他們還懂得去控制風險。

　　如果能在風險的轉化上運用你的智慧，那麼風險並不可怕，相反地風險還會為你帶來龐大的財富。

　　說起來當然很容易，做起來就需要克服很多的心理關卡，因為會攔住你致富的，也只有你自己而已。一條冒險且充滿崎嶇的道路，走起來確實很辛苦，這也是大多數人卻步的原因。

　　雖然時間證明了猶太人的膽識與智慧，也證明了你的錢放在銀行百分之百賠錢。但是更多人還是寧願擠在平穩的道路上，遠離人生夢想的風景線。人生最大的風險，難道不是夢想無法實現嗎？

　　覺得可以平安度過一生的人，只要沒有意外確實可以

安穩,但這是自我沉淪的風險,也是一種無力改變現狀的風險。

而時間還是會為我們驗證出,選擇承受風險並且控制風險的人,最後他們的眼光、視野、格局以及財富,都遠大於那些選擇看似無風險道路的人。畢竟我們的時間都是有限的,在有限的時間內,也唯有承擔風險,披荊斬棘,才能更快速地抵達目的地。

複利是透過時間累積出現的產物,愛因斯坦曾說:「複利的威力大於原子彈。」

複利確實很厲害,很有威力,確實可以產生出超乎想像的財富。但我一點都不想告訴你複利有多厲害,因為大多數人根本用不上。

首先,年報酬率,複利的 72 法則讓我們知道多久時間可以讓財富翻上一倍。比如:年報酬率百分之十,表示約七年多你的財富可以翻一倍。一百萬經過七年多可以變成兩百萬。問題是,什麼工具可以很穩定地連續七年每年獲得 10％的投資回報?像股神巴菲特一樣投資美股嗎?這其中只要有一年沒有達成,翻倍這件事情就不會發生。

再者,我們把投資報酬率設定低一點,改為每年 5％好了,這樣的案例就到處都有了。依照 72 法則的計算,我們大約需要十四年多才能翻上一倍,我們算十四年好

96

　了，你沒有看錯，就是需要十四年。除非你投入了更多的本金，不然就是要這麼久。一百萬經過十四年後成為了兩百萬，但是當時的物價同樣也增長了。我們的人生還有幾個十四年？

　　最後，有誰看過哪個有錢人是靠複利致富的嗎？實際情況是，富豪都是靠創造事業、投資股權、投資房地產，或是靠銷售產品。這些從頭到尾都是賺來的錢，從來不是單一工具，也不是依靠複利。

　　如果你真的想致富，我們不用浪費時間在複利上，你需要的是先增加你的收入。等你賺了三、五千萬，甚至上億，再找一個年報酬率在百分之三到百分之五的穩定商品，你也不需要複利了。

　　增加收入的方法多不勝數，我們也不要把賺錢變成一種負擔，增加收入最簡單的方法當然就是投資，讓錢自己花時間為你去工作，但是在投資之前，建議你先開始培養自己的眼光，以及你的知識見聞，累積自己的智慧，這些事情在沒錢的時候也是可以做的。

　　投資的知識需要時間的累積，以前那個怎麼投資怎麼賺錢的時代過去了，我們都需要了解更多不同的投資管道，而不同的投資就需要累積不同的知識，如果你想要像富豪一樣，那麼，學習他們的投資方式是最直接簡單的。

　　有時候突發的機遇，會成為決定你未來的判官。先天注定的命運與遇到機會的運氣，兩者有很大的差異，與生俱來的命運無法更改，而面臨機會的選擇，卻可能改變你的一切。

　　中華文化的風水講道：「運勢可以變化，命好不如運好，運氣猶如春夏秋冬，天有不測風雲，人有旦夕禍福。」但是運氣來了，你是否能掌握住呢？為了能夠隨時掌握機遇，提早做好準備，並且拿出你的勇氣。

利潤屬於有智慧、有勇氣抓住機運的人。

資本市場的遊戲

3-1
資本的力量

筆者在著作本書的同時，世界首富的身價飆升到一千五百二十億美元，他不是你知道的微軟創始人比爾‧蓋茲或是股神華倫‧巴菲特。這個人是亞馬遜（Amazon）的創辦人暨執行長貝佐斯（Jeff Bezos），他從身價一千億美元到一千五百二十億美元，只用了不到十個月，身價相比世界第二富豪比爾‧蓋茲的九百多億美元，整整超過五百億美元。

我們先不論比爾‧蓋茲或是華倫‧巴菲特捐了多少錢，單看貝佐斯這驚人的財富增值速度，這就是在資本主義社會中，資本倍增的驚人力量。

十個月五百多億美元，相當於每個月賺進五十幾億美元，一天就有上億美元的財富增長。一般人可能很難想像這是什麼樣的天文數字，這與傳統思維中的賺錢方式完全不同。而且這完全「合理、合法、合規」，全世界的金融機構以及政府都承認他們的財富。

我們無法複製貝佐斯這樣的一個企業家，但是我們

可以知道這樣聰明的企業家在做些什麼投資讓自己更富有，我們也找到了答案——「貝佐斯投資了更多的企業股權」，這些股權加上貝佐斯自己的亞馬遜同時增值，因此創造了驚人的財富增長速度。

在資本主義的社會中，人人都能有翻身致富的機會，這是一個最差的資訊爆炸時代，卻也是最好的資本時代。

最差的時代，是由於在這個網路高速發展的時代，大多數人認為資訊的落差會消失。但事實上，資訊落差卻更大了，因為大多數人都不會篩選有效資訊。而且，有多少富豪會真正公開自己的致富細節呢？

最好的時代，是因為在這個資本時代，沒錢的人也能夠依靠知識跟資訊翻身。小小資本都有可能搖身一變，變成千萬資產。前半段提到的數十倍，或是百倍千倍，甚至上萬倍的投資回報，都有可能發生在你的身上。

資本主義也被稱為「自由市場經濟」，或是「自由企業經濟」。特色就是大家可以自由地控制自己的財富，而不是依靠國家分配。

全球金融體制是有規範的，也有詳盡的遊戲規則。這些規則背後都有一群極具影響力的推手，就算你讀懂經濟發展史，或是完全了解經濟學，這些規則都不是我們一般人可以改變的。我們唯一能做的，就是依照他們的遊戲規

則來玩這場遊戲，並且善加利用這些遊戲規則為自己創造
財富。

Show Case

　　這個故事要從十六世紀開始說起，當時的西班牙是歐
洲的老大，荷蘭人不想讓西班牙統治，於是奮力反抗。起
初荷蘭人並不是西班牙的對手，後來荷蘭各勢力開始聯
合，終於趕走西班牙人，於是荷蘭共和國成立了。

　　這是一個在人類歷史上前所未有的國家，商人擁有充
分的政治權力。與其他國家的強權政治不同，荷蘭的商人
們熱衷於累積自己的財富，更迫切需要的是商業利潤。

　　當時的荷蘭剛擺脫西班牙的統治，而那時歐洲各國賺
錢的方法就是進行東西方貿易。不過遠洋貿易行業非常散
亂，除了幾個比較大的企業外，其餘中小企業競爭十分激
烈。這也讓領導人擔憂影響國家經濟建設，畢竟他們國家
貿易經濟比重比較大。

　　於是，荷蘭人乾脆用國家名義成立一家公司，「荷蘭
東印度公司」就此誕生。這是世界上第一家跨國公司，也
是世界上第一家股份有限公司。他們可以自組傭兵、擁有
自己的戰艦、發行貨幣，甚至可以跟其他國家簽訂條約，

並且對他國進行殖民與統治。

這是一家國營企業，是政府的資產。但是因為風險較高，因此變得利潤微薄，想要賺進更多錢的荷蘭人想出了一個方案，就是讓本國的百姓大眾也都可以參與。荷蘭東印度公司因此開始發行股東憑證，也就是現代的股票，並且有足夠的資金可以擴張事業版圖。荷蘭後來也因此成為了當時世界上最富有以及都市化最高的地方。

自此，全球的金融體制開始進行高速化的發展。十七世紀初，荷蘭首都阿姆斯特丹，成為了當時世界的金融指標之都。十八世紀，紐約證交所出現，道瓊工業指數問世。十九世紀，全世界第一家電子股票交易市場，美國那斯達克成立，其後並高速發展成為全球資金容量第二大的股票交易市場。

時至今日，資本市場發展越來越成熟穩定，對於遊戲規則也更加清楚，獲利的方式大家也越來越純熟。

那麼為何貝佐斯的身價可以成長如此快速？讓我們來閱讀一段貝佐斯曾寫給股東的公開信，也許我們可以一起找到答案，信件的內容是這樣描述：「我們相信，衡量成功的基本指標，將會是我們長期創造出來的股東價值，由於我們強調長期，所以在做決策與權衡取捨時，可能會與

某些公司不同。」

　　另外，一個貝佐斯給群眾的答案，是他在網路服務線現場直播中說的：「『在未來十年內，什麼東西會改變？』這是一個很有趣的問題，也是一個很常見的問題。幾乎沒有人問過我：『未來十年，有什麼東西不會改變？』但這個問題其實更重要，因為你可以根據長期穩定的事物來打造商業策略，以我們零售業來說，我們知道客戶想要低價，也知道未來十年會持續如此。我們不可能想像在十年之後，會有顧客跑來告訴我：『傑夫，我好愛亞馬遜，我希望你們可以把價格訂高一點。』這不可能，所以我們在這方面持續努力，而且長期下來都不會改變，就值得你投注大量的心力。」

　　這位千億美元身價的首富「選擇」創造長期「價值」，並且關注價值，「選擇」與「價值」，這是遊戲規則的核心。也是加以運用智慧及時間，贏得這場富豪遊戲的關鍵。貝佐斯選擇了更多能夠創造價值的「企業股權」，而不是股票。

　　你一定聽過：「選擇比努力重要。」甚至是「選擇大於努力。」就像是爬進鍋子裡的螃蟹跟游進漁網的魚，「方向不對努力白費」這句話告訴了我們原因，此話並不假，這也是為什麼前半部不斷強調選擇什麼的重要性。

　　有個非常勤奮努力的青年，很想在各個領域上面都比身邊的人強，經過了很多年的努力，卻仍沒有很顯著的長進，因此他很苦惱為什麼會如此，於是就向智者請教。智者呼來他正在砍柴的三個弟子，告訴他們說：「你們帶著這位施主到山裡，砍一擔自己認為最滿意的柴火回來。」於是青年跟三個弟子沿著門前湍急的江水，直接前往山裡去砍柴。

　　等到他們返回時，智者正在原地迎接他們，青年滿頭大汗、氣喘吁吁地扛著兩捆砍回來的木柴，步履蹣跚而來；另外兩位弟子，兩人一前一後，前面的弟子用扁擔左右各擔了四捆木柴，後面的弟子輕鬆跟著。正好在同一個時間，從江面快速漂流過來一個木筏，載著小弟子和八捆木柴，停留在智者的前面。

　　青年和兩個先回來的弟子，你看我我看你，面面相覷，有口難言；唯獨划木筏的小弟子，與智者坦然相對。

　　智者看到這個情況，於是便問到：「怎麼啦？你們對自己的表現不滿意嗎？」

　　「大師，請再讓我們砍一次吧。」青年說道，「我一開始就砍了六捆的木柴，扛到半路就扛不動了，所以丟掉

了兩捆，又走了一段路，還是累得喘不過氣來，所以又丟掉兩捆，最後，我就只有把這兩捆木柴砍回來。可是大師，我真的已經很努力了。」

「我跟他恰好相反。」大弟子說：「剛開始，我們兩個各砍兩捆，把四捆木柴一前一後掛在扁擔上，跟這這位施主走。我跟師弟兩個人輪流擔這些木柴，不但不覺得累，反而輕鬆了很多。最後，又把施主丟掉的木柴也挑了回來。」

划木筏的小弟子接者說：「我的個子小，力氣也小，不要說是兩捆木柴，就算是一捆木柴，這麼遠的路我也扛不回來，所以，最後我選擇走水路。」

智者用讚許的眼光看著他的弟子們，微笑頷首之後，走到了青年的面前，智者拍了青年的肩膀，語重心長地告訴他：「一個人要走自己的路，這件事情本身沒有錯，關鍵是你怎麼走。你要走自己的路，讓別人去說，這也沒有錯。關鍵是，你選擇要走的路是否正確。」

生活就像是一棵樹，生活不會選擇人，只有我們人去選擇我們要的生活。

在資本主義的社會中，只有能夠創造足夠價值的人能夠擁有更大的財富，時間的價值也是，客戶的價值也是，

股東的價值也是。我選擇在人生低潮中投資自己學習，我的選擇讓我成為一個作家、一個企業家，也是投資家。

　　資本的力量就是建立在一個又一個的選擇上，對的選擇，可以創造超乎想像的價值。舉個例子：知名的天使投資徐小平，經典投資案例四年獲得八百倍的回報。沒有錯，八百倍，如此驚人的投資報酬率僅花了四年，他做對了選擇。軟銀集團的孫正義投資馬雲也是做對了選擇。

　　但是，人生沒有永遠對的選擇，人生就是一個不斷犯錯的過程。自己做了選擇，就不要抱怨，那只會讓成功的人感受到那是對自己的抱怨，貴人會因此離你遠去，機會跟財富也會因此離你而去。

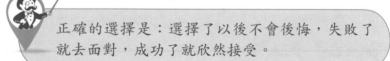

正確的選擇是：選擇了以後不會後悔，失敗了就去面對，成功了就欣然接受。

　　如果我們今天真的選擇要接受資本市場的挑戰，你要知道，這裡是真槍實彈的戰場，沒有不受傷的道理。堅持要用在對的路上堅持，受了傷堅持過去，你還有贏的機會。如果受了傷就放棄而倒下，那連贏的機會都沒有。

　　被稱為富豪遊戲的股權投資，也被比喻為資本市場的掌上明珠，它的迷人特質讓無數知名藝人如：黃曉明、

Angelababy、李冰冰、任泉、王思聰、趙薇等明星，都成為股權投資的愛好者。

我們來看看這顆掌上明珠的亮麗光采，趙薇投資中國創意控股獲利十一倍、鼎暉投資 360 獲利四十倍、賽富投資 58 同城獲利四十八倍、**IDG** 投資搜房網獲利一百零八倍、今日資本投資京東獲利一百二十一倍、紅杉資本投資聚美優品獲利一百四十四倍、天使投資人徐小平投資聚美優品獲利八百倍、王剛投資滴滴打車獲利一千倍、米拉德投資騰訊獲利兩千倍、軟銀投資阿里巴巴獲利數千倍，包含不計其數的跟投者都收穫了驚人的財富。

股權投資其實是在分享一個企業家的智慧與成果，投資這個企業家的過往積累、經驗、資源、人脈，也包含了未來。每一個企業家人才都是都是國家最稀缺的資源，他們能夠發現一般人看不見的機會，經由組織管理並通過層層挑戰變成財富。透過股權投資找到了企業家，我們就能伴隨企業家一起成長。

這些企業家選擇創造更大的價值，也就是承擔了更大的責任。他們也有家庭，但他們卻比一般人更願意為別人付出，他們要面對市場上的客戶、社會大眾、公司的員工、員工的家庭、公司的股東，這些企業家們扛著更重的重擔在往前走。

　　股權投資實際上是投資好的企業家、好的團隊，幫助他們發展得更好，促使他們幫助更多人。在時間的驗證下，企業會從頭到尾煥然一新，會給投資人帶來確定性的回報，這是時間累積的成果，隨著投資的時間越長，投資人可以獲得的收益倍數以及確定性會越高，這是股權投資的特色。

　　股權投資的本質上就是在製造股票。所有的股票價格，都是從沒有人要的股票，一直增長到二級股票市場上大家所認定的價格，而這些都是透過企業家的不斷累積才有的成果。股權投資的參與者，就是在陪同企業家參與這個過程。

　　這個過程可能要三到五年，但是你只要選對了一個，你可能獲利數十倍甚至上百倍。就像股神巴菲特所說的：「如果你能找到三個傑出的企業，你就會變得非常富裕。」

　　玩股票有可能讓你三到五年後退休嗎？不可能。但股權投資可以，要不要做也是你的選擇。

　　你騎上腳踏車，一個小時可能前進十公里。你開著汽車，一個小時可能前進五十公里。你坐上高速鐵路，一個小時可能前進三百公里。你坐上飛機，一個小時可以前進一千公里。你還是你，只是你選擇的工具不一樣，結果就不一樣。

　　股權投資就是資本市場的飛機，前進的力量完全不一樣。PChome 的詹宏志董事長曾在公開媒體上表示：「他太晚認知到資本的力量。」

　　資本的力量是什麼？資本對於企業的重要性，在於架設別人跨越不過的門檻。用最快的速度，最強的火力，建立出一個差距的門檻，最後只要產生紅皇后效應，別人就怎麼追都追不上。

　　《愛麗絲夢遊仙境》故事中的紅皇后說：「如果你要維持在原來的位置，你必須很快地奔跑；如果你想要突破現況，就要以兩倍的速度去跑。」

　　如果我們不以兩倍或是更快的速度去奔跑，我們很難改變現在的位置。因為在全球化的現在，大家的水準都會越來越高，但是位置變動都不大，這就是管理學所說的紅皇后效應。我們可以把這件事情想像成：跟你有相同能力的億級美元富豪，他付出了跟你相同百分之百的努力，為自己增加了百分之十的收入，一億的百分之十是一千萬，一般人的百分之十呢？因此有的努力並不能拉近彼此的距離，只有加倍努力並且選對工具才可以。

　　這也是運用資本力量，佔據優勢位置、帶來領先優勢後的可怕效應。但相對地，風險不一樣。腳踏車的意外不會讓你駕鶴西去，飛機的意外卻有很高死亡率。但是誰說

得準呢？現在的飛行安全做得非常厲害，飛機日新月異，而腳踏車卻還是腳踏車。到底哪個安全性高？這個就見人見智了。

我們的關鍵是，三到五年後，甚至是十年後，如果你沒有嘗試，那會是什麼樣子？也許是跟現在一樣，也許是轉換跑道，又或許是繼續尋找機會。相反地，如果你嘗試了，有可能會變成什麼樣子？也許是跟現在一樣，也許是轉換跑道，又或許是已經退休了呢？

> 成功者懷著智慧勇敢向前，爭取時間，超越自己。因為他們知道，超越自己才是真正的成功。

3-2
富裕之道

一個人的行為永遠無法超越他的思維，這也是為什麼你需要先了解富豪的思維。認為自己不會飛的人就真的不會飛，認為自己會飛的人成了萊特兄弟。

Show Case

華特・迪士尼曾經在廣告公司工作，因為公司對他的繪畫能力有所質疑，所以只做了一個月就被解雇，他的編輯告訴他：「你缺乏想像力，而且沒有足夠好的點子。」

之後華特・迪士尼與人合夥創業，然而運作並不順利，公司僅成立一個月就停業了。1922 年，華特建立了歡笑動畫公司，其製作的影片在當地頗受好評，但是卻因為成本大於收入而倒閉。1923 年，公司宣告破產，華特賣掉了自己的攝影機，換來一張前往加州的單程火車票，帶著未完成的《魔鏡夢遊》影片膠卷，準備在好萊塢發展。他抵達洛杉磯時，身上僅剩下 40 美元以及裝著未完成卡

通片的行李箱。後來華特‧迪士尼求助於哥哥的幫助，以度過財務低潮。

抵達好萊塢之後，迪士尼兄弟成立了迪士尼兄弟製片廠。時至今日，迪士尼是全球最具有影響力的公司之一。

敢於想像，敢於冒險，敢於行動，敢於求助。一連串的失敗沒有打倒迪士尼，反而淬鍊出了更強大的迪士尼。迪士尼動畫中的名言，更是表達出迪士尼的精神。如《獅子王》中的：「過去的傷痛會留下疤痕。但是你可以選擇逃避它，或是從中學習。」《鐘樓怪人》中的：「今天，就是那個值得放手一搏的好日子。」《小熊維尼》中的：「你比你自認的更勇敢，比你自己看起來的更堅強，比你自己想像的更聰明。」又或是《風中奇緣》所訴說的：「對的那條路，往往不是最好走的。」

迪士尼的動畫中誕生了無數的名言金句，這些名言金句陪伴著迪士尼觀眾的成長，變得更有深度，更有影響力。而這些名言金句，便是實實在在的成功方法。

「只要你相信你做得到，你就做得到。」——《花木蘭》

　　成功需要方法，賺錢也是相同的，我們應該要增加相對應的能力，提高自身的修養，靜下心來思考，擴展你的智慧，再來就是保持一個健康的心理狀態，然後為你自己建立一個財富系統，財源就自然而然滾滾而來。

　　投資有幾個原則是我們必須要知道的，合法性、安全性、流動性、成長性等四項原則。合法性是指該國當地的法規跟法律是否符合投資人的投資；安全性是指投資風險、存放風險、貶值風險等；流動性是指變現的能力；成長性就關乎投資人的未來獲利。

　　投資的最大目的是為了獲得較大的經濟利益，一筆成功的股權投資，其實並不比找到一份好工作難，而股權投資正是能夠獲得最大經濟利益的投資。

　　那麼身為投資者，我們該如何判別該企業是否可以投資，依據是什麼？風險又該如何規避呢？是良好的商業模式嗎？還是企業現在有的發展與資源？這時你的知識就顯得特別的重要，如果沒有相應的知識，你就無法運用智慧提高你的投資勝率。

　　首先要讓各位知道，股權投資如何創造最大的效益，「企業上市」也就是大家所謂的「首次公開募股」IPO（英語：Initial Public Offerings）。對於有志把企業做大，把企業帶上國際舞台，以爭取更大發展空間的企業，都需要

運用資本的力量幫助企業家以及企業快速發展。

那麼上市是容易的事情嗎？各個國家的上市標準不同，門檻也有很大的差異。要上市的企業都必須達到上市要求，包含股東人數、釋股比例、營業額，以及淨利潤等項目，都要達到基本要求的門檻。並且朝著有規範的方向發展，無論是在財務上還是法規上，都必須達到一定的標準，藉此才能合乎規定上市。大多數的企業，其實都是在這部分不符合標準，所以就算規模、營業額、利潤都足夠，也無法上市。當然，是否要選擇上市也是一個原因。

投資人想要進入投資的操作層面，還需要對自己的技能有所提升，以作為必要的知識資本儲備。另外，也要對國際間的大環境有所了解，從不同的角度對事物進行分析，這也是為什麼成功的投資人對國際間的資訊都有所涉略，因為這些資訊，往往都是賺錢的機會。

IPO 之後的投資就是所謂的二級市場，也就是所謂的股票投資，對於股民的股票投資，我們在這邊不做探討。

在 IPO 之前，企業運作需要經過哪些路徑呢？哪些是我們投資人的切入點？既然是投資，就應該明確知道投資什麼、投資哪裡以及怎麼投資。最重要的是，安全性以及預期收益如何？我們對每個項目都要進行風險評估，在不同階段下的投資，特性、風險是什麼，我們都應該多了解

一點，投資人要根據自己實際的情況來確認自己應該參與的程度，這是一個專業投資的負責任的表現。

股權投資是一種以權益資本存在的投資形式，投資人以高成長性企業為投資目標，投入資金以換取被投資公司的股份為目的。然後在投資人認為恰當的時機增值出售，以實現投資獲利。投資的對象往往是能迅速發展且具有巨大競爭潛力的企業。

在融資管道匱乏的情況下，風險投資基金的存在就成為了必然的趨勢。從權益的角度來看這件事，投資人的利益與企業息息相關，隨著資金進入，投資人往往願意提供更多資源協助企業成長，畢竟被投企業的成功，就代表著投資人的成功。

為了降低我們的投資風險，我們在進場投資之前就需要了解退場機制以及退出的策略，其中包含了利潤的分配、股息政策、退出方式、退出時間，以及如何使投資收益最大化等。既然我們都知道這是投資，投資就一定存在風險，因此投資人必須理性去判斷、分析，把投資風險降至最低。投資人在正式投入之前，一定要想清楚自己的出口在哪裡，以什麼方式退出，避免盲目投資。

投資是需要理性的事情，這與我們的情感上有時會相互矛盾，畢竟我們是有感情的動物，但是現在的理性是為

了避免以後的傷害。很多的投資人容易成為「愛好者」，在股權投資的世界裡，這並不是誇獎。舉個簡單的例子：我們都喜愛美食，因為美食可以幫助我們心情愉悅，可能某家餐廳的食物非常合你胃口，因此當它需要資金的時候，某些美食愛好者都義不容辭，完全不會進行理性地判斷以及完整地了解所有訊息。簡單來說，你可能對它特別偏心，這就是愛好者的特徵。

如果能為大家賺到錢的話這並沒有錯，但是當投資損失發生的時候可能就不是這麼一回事了。這樣的事情有更生活化的案例，情侶雙方的金錢關係，因為情感的因素很容易為對方掏心掏肺，彼此都希望天長地久。其實投資也是這麼一回事，但不要忘記，理想是豐滿的，現實是骨感的，要想過上豐滿的生活，我們還是要回歸理性，包容地運用智慧做出判斷與選擇。

股權投資的目的是希望企業實現快速發展，帶動投資增值。正常的退出方式有五種：IPO、被兼併收購、企業回購、股權轉讓、破產清算等方式。

只要退出的價格高於投資成本，就算是投資成功，而當中最好也是報酬率最高的方式非 IPO 莫屬，最容易的退出方式是股權轉讓，也是在 IPO 之前流通性最大的方式。

其實股權投資除了這幾點以外，也有幾個很重要的觀

念。首先問自己幾個問題：一、你希望距離你家最近的那間便利商店賺的錢跟你有關係嗎？二、你希望你最喜歡的那家餐廳賺的錢有部分進到你口袋嗎？

我想這兩個問題的答案都是肯定的，只是現實是那些店都跟你沒有任何關係，因為那不是你自己開的，更不是你有投資的。但是如果有這樣的投資機會，你會願意參與嗎？我想大多數人都是樂意的，因為你常常看到它，而且也能猜到他們有賺錢。

我想告訴你的是，如果你做了股權投資，而公司可能短時間沒有上市，甚至上市的門檻並沒有這麼順利地達標，只要這些企業都還在，只要每年它有順利地配發股息，其實也挺好的不是嗎？

一間企業發展的過程中，必須要經過幾個階段，從投資人的角度來看，這些階段概略分別為：共同創始階段、天使投資、風險投資、私募基金、投資銀行、IPO，這是一個基礎的劃分，每個階段也可能經過兩到三次的融資。通常每次融資，公司的價值就會翻上幾倍。根據投資人的狀況不同，喜好的點跟合適的切入時機也不同。

好比如成功的知名天使投資人——徐小平，他就特別喜歡在天使投資階段做出投資，天使投資可以用較低的成本獲得極高的回報，相對地也需要承擔較大的風險。

　　而投資銀行幾乎都是在上市前才做出投資，所以需要付出一般人無法投入的極高成本，以賺取較低的投資報酬，相對地風險就比較低。

　　每個階段的投資都分別有優勢跟劣勢，我們來從圖表，分別檢視一下這些股權投資的階段：

表 1　股權投資階段表

融資階段	
共創投資	──
天使投資	A 輪
風險投資	B 輪
私募基金	C 輪
投資銀行	D 輪
IPO 首次公開發行	

＊表 1 的左半部是歐美融資稱謂，右半部是中國大陸慣用的融資稱呼，筆者將會使用歐美的融資階段作為說明，也比較方便讀者了解跟辨認。

1. 天使投資

　　創業者成立公司，成為了勇於冒險的企業家，此時的股權屬於早期，企業處於萌芽階段，產品進入市場的初步階段，這個時間點企業最大的困難是缺乏資金。儘管創業

者有一輪的創意跟美好的願景，有獨特的商業模式和熱情的創業夢想，但沒有融資需要的抵押物與擔保品，所以銀行很難提供貸款幫助。

在這樣的情況下，有另外一種方式可以選擇，就是企業透過股權融資的天使投資來獲得資金，幫助企業順利發展到可以讓風險投資機構投資的階段。

根據企業短、中、長期的總體規劃，設定好企業的發展，建立企業發展需要的團隊，提升團隊的適性以及市場經營能力，走過企業初期的過程。

這個時間點的企業風險最大，如果投資人的眼光看好當下這個「嫩芽」的未來發展，並且確信它會為投資人帶來很好的預期收益，那麼此時作出股權投資的投資收益將會是回報率最高的。

天使階段的投資也是一般大眾投資人最能夠參與的階段，大多數的企業在初期比較會開放給大眾投資，雖然風險最高，但是投資報酬率也是最大的，不過在項目的篩選上其實是需要很多專業，這個部分可以透過有專業機構審核的項目降低很多的風險。

在這個資本主義的社會中，其實天使投資的機制也已經發展得很健全，包括財務管理系統、會計系統、市場可行性評估、市場發展評估等，以及天使投資最重要的企業

主本人與團隊，都有一個可以參考的範例跟依據，以幫助投資人把風險降到最低。

對於天使投資人的角色，很多人都有些許的誤會，其實天使投資人之所以被稱為「天使」，就是因為這個階段沒有財務報表可以看，而是願意相信人，相信別人能夠成功，並且願意支持這些企業的人，所以才被稱為天使。

而資本市場對於天使是公平的，由於天使們付出了心力，也承擔了較大的風險，所以天使投資人往往可以獲得數十倍，甚至可能數百倍、上千倍的投資回報。

當然這個階段的投資其實還是有一些風險已經很低的標的，一家新創企業在上市的過程中最短需要三年。我們舉個例子：新創公司一開始就計劃要上市，要在三年內去達成上市標準。已經營運十年的公司，要上市需要整理三年並且達成上市標準，已經營運五十年的公司要上市同樣也是需要三年。

同樣是花三年的時間，風險性已經大不相同了。已經營運十年以上的公司風險自然會比新創公司低，因為市場已經有一定的知名度跟穩定性。十年以上的企業在準備要上市的過程中，有部分還是會需要經過天使輪的投資，投資這樣的企業，風險自然會降到最低。

雖然這樣廣義上來講也早已脫離了天使的範疇，但是

此類的投資對投資人而言，可以把風險降至最低，因為企業已經有既有的基礎，也有過往的累積，成功率自然而然大增。投資人也因此可以獲得更多的財富，獲得更多的財富過後，再開始進行廣義上的天使投資。筆者就成立了一個這樣的俱樂部，更是全台唯一一個合法公開的投資俱樂部，我們為大家尋找在市場上已經發展一段時間，且有上市潛力的企業以及企業主讓大家接觸，透過支援企業主成功，也幫助投資人獲利。

Show Case

　　東南亞這些發展中國家是目前最適合投資的市場，扣掉泰國，其他東協國家的經濟成長率平均高於 6%，這是一個充滿機會的驚人數字。

　　十五年前，一家在馬來西亞從事泰式古方按摩的小店開幕了。十五年後，這家泰式古方按摩擁有超過六十家門市。這家泰式古方按摩的小店，今日已經成為全馬最大的按摩集團，它是「泰皇璽 Thai Odyssey」。

　　在沒有接觸資本市場之前，它們是一家店賺錢再開下一家。在走進資本市場後，他的店面開到了泰國、柬埔寨與中國，並且在亞洲各地開始積極拓展國際業務。泰皇璽

將於 2020 年上市，這不是口號，而是有規劃與計畫的行程。

　　一家已經十五年的企業，它不會說倒就倒，它更不會在一夕之間失去所有的忠實客戶。它有了長時間的經驗跟累積，是應該準備站上國際舞台的時候了。

　　這樣的企業，在資本市場中往往是搶手的投資標的，一瞬間的猶豫，或是資訊晚到你手中，就可能已經沒有投資機會。而我們的俱樂部，卻是常態性地擁有這樣的項目。不是驕傲，而是我們極力去爭取，我們努力為我們的會員朋友爭取每一次的投資機會，因為我們希望，能夠讓更多朋友看見國際市場的機會。

　　如果讀者有興趣知道更多，可以在後面的章節裡面找到我們。或是透過此處的 QR Code 與我們聯繫：

加入獲得更多資訊！

2. 風險投資（VC）

　　企業的產品以及指標達到預期設定的目標，市場前景還有發展潛力，企業的未來被看好，也有確實可行的市場營運計畫。

　　此時企業需要進一步擴大生產規模，也要力求滿足市

場需求，而為了能夠快速發展搶佔市場，在短時間內達成發展目標，所以企業會尋找風險投資機構投資，此時的機構投資人會用比天使投資更高的標準來審視這家企業，如果企業能夠獲得風險投資機構的投資，也表示這家企業的未來更有可行性。

　　早期的投資人認為項目具可行性，而機構投資者也認為該項目可以培育，能夠達到機構投資者的預期收益，這樣後續接棒資金才能順利進入，天使投資人也有機會能順利落地。

　　我們可以參考美國風險投資俱樂部的資料，建議投資人做出投資決策前應該考量這些要素：

　(1)企業家自身具有支撐其持續奮鬥的天賦及熱情。

　(2)企業家非常熟悉該企業的目標市場定位。

　(3)擁有在5年至10年內至少能獲得10倍回報的能力。

　(4)企業家的背景足以證明其具有很強大的領導能力或
　　　影響力。

　(5)對風險的評估和反應良好。

　(6)投資具有流動的可能性。

　(7)未來可觀的市場發展前景。

　(8)與風險企業有關的歷史紀錄良好。

　(9)對企業的表述清楚明瞭。

⑽具有財產保全措施。

由這十點可見，企業經營者的管理能力，產品、服務或技術的獨特性，產品市場的大小，投資、退出風險等等，構成了決策評價指標體系的主要組成部分。因此，項目的評估需要對各種因素有充分的認知，判斷項目要客觀，分析事情要理性，投資決策要睿智等。

一般風險投資機構的出發角度都是從「獲利」出發，不過，並不是所有風險投資機構都是好的，有些投資機構並不是好意地作出投資，這點對於企業而言是需要注意的。有的風險機構會做出投資，是因為它可能已經做出了相關產業的投資，為了減少競爭對手，它對競爭企業做出投資後往往會影響這間企業的營運與方向，最終可能朝向毀滅之路前進。對於這樣的風險投資機構而言，這是為了減少競爭對手的策略性及戰略性投資。因此對於企業而言，慎選投資機構也是很重要的。

這個階段往往因為投資金額較大，所以個人投資者很難有機會投入，不過有時也會好運遇到，此時都還是報酬率不錯的階段，如果真的碰上了可以好好地評估考慮。

大家可能會想，為什麼會有有錢的機構投資者願意投資股權投資呢？因為買入股權的成本很低，股權在變為股票之後，就會有一個市場的價格。對於機構投資人而言，

此時進場的價格是較低的，在這個買低治百病的市場中，這也是一個考量，當然有數倍的報酬率也是很重要的。

國際間的知名風險投資機構紅杉資本（Sequoia Capital），西元 1972 年在美國加州成立，投資過蘋果、Google、Youtube、阿里巴巴等數十家世界知名的大型企業。紅杉資本每年的平均投報率超過 100％，風險投資行業的投資報酬率平均約為 25％。因紅杉資本的投資後上市的公司，總市值超過那斯達克市場的總市值 10％，如此驚人的傳奇戰績，在業內堪稱不可思議。

那麼它是怎麼做到的？雖然紅杉資本常對外說，他們總是看市場需求。但是事實上，紅杉資本領袖們的行為模式證實，他們成功投資獲利的關鍵，也是投資「人」。紅杉資本喜歡投資有失敗經歷並且願意從中學習再爬起來的人。因為他們相信，一個失敗後願意爬起來，並且依然渴望成功的人，能夠更好地審視自己。而且紅杉資本喜歡投資那些會分工合作的團隊，對於清楚明白自身在團隊中定位的人，紅杉資本毫不吝嗇。只要團隊保持好奇心持續學習，更努力勤奮地想把事情做好，並且保持危機意識，堅持自己的理念不受市場波動，團隊成員有默契地共同成長，這樣的公司紅杉資本幾乎來者不拒。反而是對於那些擁有成功經驗的創業家，他們沒有太大的興趣。

　　風險投資與天使投資相同的規則是，正確的「人」。因為在企業處於初期時，人才還是核心，團隊才是關鍵。在公司具有系統化、規模化之前，包含財報在內，沒有什麼比人還要重要的事情了。財報再好、能夠賺再多的錢，人不對了，公司就不值得投資，這是一直以來世界級投資機構的行為模式。

　　因為股權投資的價格不會受到市場情緒影響，也比股票少受到市場影響，好處是我們更容易辨別出團隊是否穩定在成長，不需要花時間關注沒有必要的東西，只需要努力創造出足夠的市場價值，投資人或是投資機構，就能夠持續獲利。這也再次地證實，股權投資的對象是企業主以及他的團隊，這樣的投資能創造出額外價值的可能性更大，這些也是股神巴菲特會轉而將股權投資作為主要獲利的原因。

3. 私募基金（PE）

　　由於產品被市場接受，銷售量開始增長，企業開始獲利，但是企業內部本身在產品銷售的現金流，已經滿足不了企業快速發展的需要了。此時企業會進一步釋放股權進行融資，融資可能會用於增加生產線、拓展市場、產品優化、降低生產成本的設備等等。

　　當你投資的公司被私募基金投資，就可以說明早期投資人的眼光準確，具有更好的發展前景，同時投資的風險又大幅度地降低，企業已經逐漸成型，這時已經離主板上市不遠了。

　　這個階段的企業發展已經不是僅僅單一板塊，投資者們更看好這個企業成為會生金蛋的「雞」，培育出更多可以孵化的「蛋」，這對投資人而言將會帶來無窮的回報。對企業發展而言，也進入了一個更健康的體系。

　　在這個階段的企業，資源比資金更加重要，在已經初具規模的情況下，要能維持高速拓展便需要更多的人才跟資源，比如市場的通路、管道、知識等，無形的資產價值遠遠大過於現金，有資源比起有錢更容易成功上市。

🔍 Show Case

　　國際市場有許多知名的私募公司，如黑石集團、凱雷集團、KKR 集團等私募巨頭。

　　黑石集團是紐約交易所的上市公司，股票代碼：BX，在全球有數萬名員工，在亞洲的數個國家也設有辦事處。黑石集團在 2007 年耗資 260 億美元收購了希爾頓酒店集團（Hilton Hotels Corporation），希爾頓酒店集團

旗下擁有的 10 個酒店品牌，遍及全球約 2,800 家酒店，將近 50 萬個房間全部被黑石集團收入囊中。

黑石集團購入希爾頓後沒多久就遭遇了金融風暴的襲擊，這筆交易的市值瞬間蒸發了約 60 億美元，在當時還一度被稱為笑話，甚至有一段時間，這筆交易看上去已經到了死神的門口。

而黑石集團並沒有因此就放棄了這筆投資，在黑石集團的資源導入與管理下，希爾頓酒店於 2013 年的 12 月，在美國的紐約證券交易所上市，成為酒店行業有史以來規模最大的 IPO。

2014 年開始逐步出售希爾頓的股權，其中包含以 65 億美元出售 25％的希爾頓股權給海航。依據知名媒體彭博的報導，在徹底退出投資後，黑石集團將可以換取約 140 億美元的利潤，而這也會成為私募股權史上回報最豐厚的一筆投資。

黑石集團現今是全球的四大私募巨頭之一，黑石集團的總資產規模達到 4,340 億美元，笑傲華爾街。黑石集團喜歡並不時髦的產業，而且黑石集團堅持與企業站在一起，這兩點都是筆者本人感受最深的地方。透過幫助企業成功，也讓自己以及投資人獲利。因為不需要了解艱深的

專業知識跟新的科技，大幅地降低了投資失誤的風險，這也非常適合大多數的投資人。

　　一般受到私募機構投資的企業，都會在三年內完成上市，因為私募機構要投入的資金非常龐大，投入的背後資源也非常豐厚，為了能夠讓自己的投資順利回收，私募機構一定會輔導公司順利上市。所以，當你知道你投資的公司被私募機構投資後，你大可以放心等待公司上市，最長不過三年，偶爾會有不到一年就完成上市的公司，這就看公司在獲得資金跟資源後的發展了。

4. 投資銀行（IB）

　　投資銀行簡稱投行，這是一種以經營證券業務為主的金融機構，往往是由商業銀行發展而來。通常企業發展進入到這個階段，距離上市也只有最後一哩路了。

　　大型的金融機構因為大多數的資本不屬於自己，於是往往需要尋找最低風險，報酬率又較高的投資才能讓自己獲利，而一家企業能夠走到這個階段往往已經具備高穩定性的條件，所以在把股票放上二級市場交易前，投資銀行幾乎都會進行投資。

　　國際間幾大知名的投資銀行分別為：高盛集團、美林證券、摩根士丹利、花旗集團。

　　花旗集團正是大多數人知道的花旗銀行，而摩根士丹利是由摩根集團因為政府法規因素分出來的投資銀行，摩根大通也是由摩根集團因為政府法規的因素而分出來的另一個金融服務集團。而美林證券於金融風暴期間分崩離析，被美國銀行以 500 億美元併購，與曾是世界級投資銀行的雷曼兄弟一樣，從此步入歷史。

Show Case

　　高盛集團在 2007 年金融風暴當年，是唯一一家屹立不搖而且還獲利的投資銀行。當時貝爾斯登、雷曼兄弟接連宣告破產，美林也分崩離析，唯有高盛這家近 150 年歷史的金融巨擘毫髮未損。更驚人的是，高盛在隔年七月繳出了第二季淨利達 34 億美元的成績單，而另一家倖存的投資銀行摩根士丹利卻虧損了 12.6 億美元。

　　成就高盛的不是因為強大的機制，而是因為其不可思議的人脈網路帶來的龐大商業資訊。

　　龐大的人脈網路不只為高盛帶來各方的商業資訊，更能帶來滾滾財源，由此可見，有效且正確的資訊，可以幫助投資人避過強如金融風暴的災難，更能收穫各方財源。

5. 首次公開募股（IPO）

當企業走到了上市的最後一層階梯，為了符合法令以及樹立名聲走進國際，公司的股票正式進行股票證券化，這時企業主以及投資人將會達成共贏的目標，早期的股權投資人可以離場套現，企業則可以更容易募集到資金。

IPO 其實只是一個企業對投資人以及對大眾能夠負責任的合格門檻，企業上市之後才算是真正的開始，上市前的一切歷程只是一個嬰兒成長到成年人的過程，成年後真正的責任跟義務才算是正式開始。成長歷程固然重要，但企業未來所走的路將會更重要，企業需要肩負著更多的社會責任跟義務，才不會愧對社會的期許。

為企業進行 IPO 的機構大家都認得，我們所認識較知名的銀行幾乎都有為企業做 IPO 的服務，畢竟這項業務的利潤非常豐厚，是金融機構都想要搶食的大餅。

企業早期的投資風險最大，已經營運數十年的公司準備重組上市是比較特別的，當然也只有少數具有管道的人才能獲取相關資訊，不然為什麼有這麼多的人願意付出高額的入場門票進入某些圈子呢？原因就是這些圈子所流通的資訊與知識是具有極高商業價值的。

在資本市場上，股權投資的風險與投資收益不一定是正向成正比的，關鍵是投資者選擇什麼樣的項目，以及投

資了什麼樣的企業家，有時候選對了，帶來的效益是極其驚人的。也因此投資人可能需要具備獨到的眼光以及對市場的各種知識，甚至投資人本身有一些創業經驗以及商業知識，可以更好地降低投資風險。

　　一個企業的融資過程進到了機構的投資階段，在這個階段中，一般個人真的很難有機會直接參與投資，因為其投資金額與門檻是個人很難達成的。當然若投資者本身具有足夠的資源和資金實力，也是可以直接或間接參與的。

　　投資機構的成長過程跟資金培育一般比較安全，真的要加入通常也是用很高的成本才有機會。畢竟好的投資機會並不多，好的機會在圈子內都是有限的，有能力的投資人幾乎都會直接拿下，如果你自己沒有一個即時獲得資訊的通路跟管道，往往很難掌握絕佳的投資機會。

　　「資訊的落差等於財富的落差。」這句話在資本主義的社會裡幾乎等於真理，想要在投資的圈子過上好生活，想要依靠投資過生活，沒有可以獲得足夠資訊的人脈圈，或是沒有可以接收適當資訊的平台，簡直就像一個手無寸鐵的建築工，難以為自己成功築起萬丈高樓。

3-3
升級獲利的槓桿

　　如果你有閱讀過並且讀懂《富爸爸窮爸爸》一書，你應該就能夠發現獲得財務自由的關鍵是「財務槓桿」。

　　在《富爸爸窮爸爸》的內容中，雖然不斷地提到被動收入的觀念，但是最後真的讓他致富的方式，仍然是依靠企業投資以及槓桿運用。實際創立過事業或是有投資經驗的朋友應該都能體會到，只靠自己的努力取得的成果往往不如預期，甚至可以說很有限。時間一長就會發現，我們還需要能夠讓我們的努力成果倍增的工具，而這些工具正是「槓桿」。

　　金融圈內的朋友是最喜歡槓桿的一群人，其實我們常常聽到的財務槓桿，就是「借錢」這件事情，不過「財務槓桿」感覺上比「借錢運用」這樣的白話還要讓人舒服許多。只是在金融圈內，槓桿的原意就是借錢的意思。有無數的人因為槓桿而致富，但同樣也有無數的人因為槓桿而破產。之所以會產生如此大幅度成功與失敗的經濟落差，關鍵就在於槓桿的管理。

為什麼金融人士把借錢稱之為「槓桿」呢？答案其實非常簡單，槓桿可以撬動你原本搬不動的重物。換個角度說明，槓桿可以讓你將原本的力量激增好幾倍，進而「做到你原本做不到的事情」。阿基米德（Archimedes）曾說：「給我一個支點，我就能撬起整個地球！」聽起來非常不可思議，但事實卻正是如此。在平常生活中，我們最常聽到的槓桿，就是房貸。

正常的情況下，1,000 萬的房地產，靠銀行提供的房貸約 700 萬，實際上買房的人只需要準備 300 萬，就能擁有 1,000 萬的力量。房地產貸款是大家最常見到的工具，導致大家會有房地產比較容易致富的認知盲點，另一大因素來自於房地產的槓桿工具本身非常透明。而小金額透過借貸放大自己的報酬率，就被稱之為「財務槓桿」。

這也證明，我們本來就需要槓桿，因為槓桿足以讓人完成人生的目標或是夢想，只是我們對於槓桿的認識可能還不夠多。其實我們從小就接觸過槓桿了，學生時期的就學貸款就是一種槓桿，這能讓我們有機會獲得更高學歷，而較高的學歷有可能讓人未來擁有更高的收入和更好的生活，所以許多家庭會把握這個契機。

這樣以借資來謀取現有資源難以負擔的機會，正是企業和企業家必須要融資的因素，整個社會基層也才能有更

多的發展。借錢的本意是良善的，借到的資源能夠創造出更大的報酬，這才是資本槓桿的本意。

1,000 萬的房子用 300 萬買下，若是運氣好，房產價格上漲，1,000 萬的房子漲到 1,300 萬，實際上的投資報酬不是 30%，而是 100%。因為初期投入 300 萬，獲利也是 300 萬，這也是早期房地產富豪多的原因。如此一來，你知道為什麼有錢人都喜歡槓桿了嗎？不但可以住更好、更大的房子，還可以獲得更高的報酬。但槓桿不是只有好的一面，獲利放大了，虧損同樣也會放大，這是一把雙面刃。具有駕馭金錢的能力，這樣的人士，才值得我們借出資源做槓桿。台灣多數房地產早已沒有這樣的行情，我們這輩已錯過了台灣經濟起飛的年代，因此我們只能尋求其他的管道來獲得相當的投資報酬。

股權投資的本質也是槓桿，因為企業需要爭取更大的市場份額，僅用現有的資源是肯定是不夠的，所以需要更多的人來支持，也才有我們身為投資人的存在必要。但還是要跟讀者們重申，我們要注意的是，經營企業的「人」是否正確。

股權之所以報酬率高得如此驚人，是因為它橫跨了兩個資本市場，一個是大多數人熟知的二級市場，也就是股票市場；另一個則是被稱為資本市場的掌上明珠，讀者正

在了解的一級市場，我們稱之為股權市場。

我們先來了解一下二級市場，相信大家知道，二級市場有所謂的本益比，本益比的計算方式是：每股市價／每股盈利。舉個案例：每股面額 100 元的股票，每股盈利 10 元，計算方式就是 100 ／ 10 ＝ 10 倍本益比。

從這邊我們可以知道，所有股票價格都是每家公司的每股盈餘乘上數倍甚至數十倍的倍數，也就是一家公司每股賺 1 塊錢，股票市場呈現的價格可能是 10 塊，甚至是 20 塊。這個倍數是誰給的呢？這個訊息對資本家們來說非常重要，答案是：市場。市場就是所有在股票市場交易的人們，也就是說所有的股票投資者。這樣的倍數是被大家認可的，這裡的大家，代表的是全球的投資人，它擁有全球大多數投資人同意的公信力。

這表示一家還沒有上市的公司，如果突然被放到了股票市場，價格會有數倍甚至數十倍的增長。聰明的讀者從這裡一定可以了解，為什麼公司上市後可以創造這麼多的富豪了。僅僅只是二級股票市場就賦予這樣的倍數，如果行業的平均本益比有 20 倍，那光是上市這件事就可能為大家賺進 20 倍的獲利。

剛剛提到的只是二級市場，還有一級市場的增長，我們也不用計算太過龐大的數字，簡單地給予一家公司在一

級市場只有 2 倍的增長，如果您是這家公司的早期投資人，可能的獲利數字是：2×20 ＝ 40 倍的投資金額。

　　一級市場加上二級市場的乘數真的是非常驚人，通常企業在一級市場的成長絕對不會只有 2 倍，我們假設性地試想，一家餐廳從 5 間店成長到 25 間店，甚至 50 間店，才達成上市標準，那麼它在一級市場的成長就是 5 至 10 倍，這個數字再乘上二級市場的平均本益比倍數，所得到的結果，自然可以讓獲利非常豐厚。

　　如此看來，股權投資的潛力真的足以讓一個普通的上班族翻身成為富豪。也因為這樣驚人的獲利潛能，富豪們無不爭相投入搶佔份額。雖然要承擔部分的風險，但是只要眼光精準，還是能夠把風險降至可以承受的範圍。如此吸引人的獲利資訊怎麼有機會傳遞到一般民眾的手中，這也再次證明，資訊的落差真的等於財富的落差，唯有找到能夠獲得更多資訊的管道，才有可能改變這樣的循環。

　　但過度的槓桿也不是好事，很多股票期貨的投資人傾家蕩產就是因為過度槓桿造成的，所以槓桿的管理也是風險管理的一環，能力足夠的「人」會把風險控制在可以負荷的範圍內。自負的心態或是自我過度膨脹對於投資人都不是負責任的好事，也因此我們投資人除了對於項目評估的能力要提升，對於人的理解能力更要提升，但大多數的

投資人都是忽略了後者，才因此產生損失。

　　總而言之，我們都應該把目標放在「更多的槓桿，更高的報酬，更低的風險」，要朝著此方向前進，努力成為一位優秀的投資人，需具備以下三個條件：

1. 優質的投資合作夥伴

　　我們做投資決定時，往往會有很多的影響因素，有好的投資夥伴可以避免因為過度感性，而做出錯誤的投資決策。更棒的好處是，好的投資夥伴可以共同分攤投資風險，雖然也分散了投資的獲利，但是有這樣的夥伴在，我們可以進行更多的投資選擇，可以更有效地分散風險，擁有更穩定的獲利，完全可以用「更多的槓桿，更高的報酬，更低的風險」來總結，這簡直是無懈可擊的一件事。而且彼此之間常常能成為無話不談的好朋友，此更是人生一大快事。

2. 適當的融資槓桿

　　很多投資都需要更多籌碼才能取得更好的優勢，這在金融市場上是必然的。企業融資需要花費很多的金錢以及時間成本，若你能拿出更多的籌碼與企業主交流，表示企業融資的成本會大幅度降低，理所當然能取得的投資成本

就會比較好。「買低治百病」這句話在金融市場絕對是真理。當身邊有很多優秀的投資合作夥伴，就有很大的機會能達成這樣的條件。

常見合作夥伴之間可能因為考量的點不一樣，或是專業上不熟悉，進而下了不投資的判斷。但若是你很看好這樣的機會，此時有好的投資夥伴就能夠幫上很大的忙，當然也不要忘記人與人之間的協助是要互相的。有時候要「大膽想」然後「更大膽地做」才能找到更多的可能性。

3. 正確的投資管理

一般人都知道要做好風險管理，而投資管理正是風險管理的一部份。除了基本的資金管理外，還需要知道如何管理自己的進場、出場策略，以及槓桿的方式、投資的形式等等。如此一來才能更有效地運用槓桿，獲得更高的報酬，降低更多的風險，這樣才能算是好的投資管理。

我們來看一個真實的案例，一個關於土地建案的實際例子。有一家日商建設集團承包了一個大型的建案，建築的過程想當然勢必需要很多資金。而這家知名的日商公司作法是，計算出建案完成後的報酬，假設是 25％，然後這家日商集團透過私募融資，付出 6％的資金成本加上自己的商譽，順利取得了建案需要的全部成本。我們先不論

建案要花多少錢，就單看這件事情，這麼大的建設集團，選擇融資，然後付出6％的資金成本，為它自己賺進25％的利潤。換句話說，扣掉6％的資金成本，這家建設集團完全不出資，就獲利19％。並且因為自己不需要出資，所以資金可以另外去創造更多的利潤。

它的商譽幫它找到了投資的合作夥伴，也讓它成功進行融資槓桿，更將自己的資金做更多配置跟管理，單單這三件事情就能夠為它創造出豐厚的利潤。

> 投資要贏得勝利真的不難，只是多數人都輸給了自己。輸在自己限制了自己，輸在忽略了自己身為人的潛能。要贏這場遊戲，想的應該是要如何贏，而不是如何不要輸。

Equity Investments

思維致富的遊戲

4-1
成為一個投資家

　　一家公司上市確實是幫助投資人成功帶來經濟價值的最好方式，也是最快催生富翁的搖籃。不過在這個一切都追求快速的環境下，大多數的人都不願意花三到五年等待一間公司成功上市，那怕是公司成功上市後可以達成退休一桶金甚至好幾桶金。當然也有很多的投資者是想參與卻不得其門而入的。

　　講起投資相信大家都不陌生，甚至很多人自己覺得自己投資很成功。西元 1980 年之前，其實投資根本不太需要選擇，只有手上有錢，買房買地甚至連存錢都能賺到錢，做什麼投資沒有這麼重要，只要有投資就可以了。但是對於這個時間之後出生的人而言，情況完全不一樣，金融商品無論收益高低或風險高低都有成千上萬種，通貨膨脹的加速也讓很多金融商品變成負利率，就像前面提到的銀行存款百分之百賠錢的道理一樣。時代大不如前，較低的果實都已經被上一個世代摘採完，但這不是他們的問題，是時代背景的不同，造就環境的不同。在現代，為了

讓自己的資產成長，該如何做好資產配置才能獲利，眾多的因素讓大家在選擇上更是難上加難，這是每個世代不同的環境下，都要面對的老問題。

那我們應該如何做出理性而正確的選擇呢？投資是一門科學，它具備了完整可靠的邏輯，但它同時又是一門藝術，有時候投資人的感覺跟眼光反而勝於一切。

我們來看看一個成功投資人的投資核心主要是哪些。

1. 風險管理

就像聰明的猶太人一樣，成功的投資人總是把風險維持在可以駕馭的範圍內，一個成功的投資人一定是一個優秀的風險管理者。風險管理的意義在於「適度地承擔風險」而不是遠離風險。

我們應該事前規劃可以接受的安全範圍，以及事後幫助自己在虧損出現後可以止損。事先知道自己能夠承擔的風險，並且知道自己在虧損後是否能承擔壓力，這才是負責任的專業投資人，你需要了解自己，這樣才能更好地把風險控制在範圍內。以下分享一個關於風險的故事：

Show Case

有個叫單鑫的男子想要開車出門帶女朋友去約會，但是這個男子是剛拿到駕照的新手，所以十分重視發生車禍的風險，於是，他決定緩慢地駕駛車輛。單鑫因為車子開得太慢，中途被警察攔下來做身分調查，因為這段意外的風險發生，所以耽誤了不少時間，到達目的地的時候已經晚了一個小時，讓他的女朋友非常不開心。因為單鑫他忘記「無法達成目標的風險」也十分嚴重，只考慮到車禍的風險，於是碰上了其他的風險。

如果以正常的速度駕駛，是不是這些問題都不會發生了呢？我們可以思考，到底是車禍的風險重要，還是「無法達成目標的風險」重要呢？兩者當然都很重要。但是大多數人卻只有關心車禍的風險發生，而忽略了人生目標無法達成的風險。

大多數人在投資的時候，都會遇上擔心，所以被很多事情左右。而現實生活中，風險原本就存在於我們生活的環境。你也可以想像成，我們呼吸的空氣都可能對你產生風險，這麼講並不誇張，事實正是如此。

我們擔心投資會有所損失，所以把錢放在銀行裡，時

間一長就遇上了通貨膨脹的風險。想要賺錢又害怕虧損，除了虧損又害怕投資的企業倒閉，甚至可能因為擔心持續好幾年，因而錯或了各種機會。

我們應該理性且有智慧地做好風險管理，因為我們在害怕風險的同時，恐懼本身往往會帶來更大的風險。

因為有許多勇敢面對風險的人，所以世界上才有這麼多感人的成功故事。

2. 把握機會

影響股神巴菲特最深的合夥人查理‧蒙格曾說過：「如果你從我們的投資決策中替除掉最好的十五個，我們的投資表現其實非常地普通。」翻開這些投資大師的投資歷史，他們的投資並不是百發百中，實際上不過是把握住了幾個非常關鍵的機會，一戰成名，也因此成功。

這在我們的生活中也是相同的，百分之十的選擇可能會決定你百分之九十的人生，因此關鍵時刻要把握住機會。當然有時候選擇是很痛苦的，不過先苦後甘有時也能嘗到甜美的果實。

牛頓被蘋果砸到發現萬有引力；世界酒店大王希爾頓

追隨淘金熱沒有挖到一丁點黃金，卻發現了旅店的商機，於是成為了世界級富豪；孫正義遇見當時的馬雲，於是有了傳奇的經典投資案例。

曾經，在美國費城有六個家庭困苦的高中生向他們仰慕已久的一位牧師請教，這位牧師是一位博學多聞的人。這六個高中生問：「先生，您願意教我們讀書嗎？我們想上大學，可是都沒有足夠的錢。我們快要高中畢業了，有一點學習的基礎，您是不是願意教教我們？」

這位牧師答應這六個家境困苦孩子的請求。同時他又想：一定還有許多年輕人沒有足夠的錢可以上大學，他們可能很想學習但付不起足夠的學費，我應該為這樣的年輕人辦一所大學。

於是，這位牧師開始為籌建大學募款，當時在美國建立一所大學大概要花 150 萬美元才有可能。這個牧師為了籌建大學募款四處奔波，在美國各地演講了 5 年的時間，懇求大家為出身貧困但是有志學習的年輕人捐獻。出乎他預料的是，5 年的時間過去了募到的款卻不足 1,000 美元。

這位牧師心裡深感難過，情緒非常低落。當他低頭沉

思回到教堂要準備下禮拜的演說詞時，他發現教堂周圍的草枯黃得東倒西歪，他便找來園丁詢問：「為什麼這裡的草長得不如其他教堂周圍的草呢？」

　　園丁看著牧師回答說：「我猜想牧師您眼中覺得這地方的草長得不好，主要是因為你把這些草與其他地方的草做比較的緣故。我們常常只有看到別人美麗的草地，希望別人的草地就是我們自己的，卻很少花時間整理自己家裡的草地。」

　　這個園丁的一番話讓這個牧師恍然大悟，牧師馬上跑進教堂開始撰寫演講稿，在演講稿的內容中指出：我們大家往往是讓時間在等待觀望中白白流逝，卻沒有努力工作使事情朝著我們希望的方向去發展。

　　這個牧師在演講中講了一個農夫的故事：有一個農夫擁有一塊可以耕作的土地，生活過得還算不錯。但是有一天，當這個農夫聽說要是有塊土地底下埋著鑽石的話，只要找到一塊鑽石就可以過得像富豪一樣。

　　於是，農夫把自己的土地給賣了，離開家裡四處去尋找可以發現鑽石的地方。農夫走向遙遠的異國他鄉，卻從未能發現埋有鑽石的地方，最後，這個農夫一貧如洗。一天晚上，農夫在一個海灘選擇離開世上。

　　無巧不成書，那個買下農夫土地的主人在散步時，無

意中發現了一塊異樣奇怪的石頭，這位地主撿起來一看，這塊石頭金光閃閃，反射出耀眼的光芒。地主仔細地檢查，發現這是一塊真正的鑽石。就在農夫賣掉的這塊土地上，新的地主發現了從來沒有被人發現過的鑽石寶藏。

這個牧師所講的故事引人省思，牧師說道：「財富不是僅憑四方奔波去發現的，它是屬於自己去挖掘它的人，只屬於依靠自己一片田地的人，只屬於相信自己能力的人。」

其實我們每一個人現在有的，就是屬於你的機會，它是獨一無二的，它是你過往的一切累積，你的累積不會白費。過往的一切經歷造就了獨一無二的你，因此只有你能發掘，屬於你獨一無二的機會。

大多數人正是忽略了這一點，呼應第一章節跟讀者分享的「不要成為金錢的奴隸」，我們應該學會支配金錢，而不是受制於金錢。金錢應該是讓我們使用的工具，而不是追逐的對象。

只有當我們真正意識到這件事情的時候，我們才不會像上述牧師領悟到的故事中，所提及的農夫一樣四處奔波，對自己擁有的寶藏渾然不知。引述本書第一章所說：「有多少人在路上迷失了方向，找不到原本應該要走的路

呢？」相信聰明的讀者現在應該很清楚自己要先確定自己的方向，然後在自己身上找到自己的寶藏。

任何你現在所擁有的，都是屬於你的機會。

這些故事一再地告訴我們，機會無所不在，那些獲得重大成就的人，並不是機會的寵兒，他們的成功在於他們善於發現機會、把握機會以及創造機會。沒有機會，就應該要為自己創造機會。有的人，即使機會到來也不會好好把握住，因為自己根本還沒有做好迎接的準備。

其實一個人想要有所發展，應該將眼光放遠，但是手腳取近，應該要先抓住手邊的小機會，才能為未來的發展累積良好的基礎。在生活當中，應該要練習讓自己善於辨識機遇，才不會錯過現在又錯過未來。

機不可失，失不再來。

3. 理性思考

　　投資的過程就像我們的生活，五光十色充滿誘惑，以往的經驗時時刻刻都在提醒我們，不能抗拒誘惑的投資人都會遭遇到較大風險。如果想從一般投資人化身為專業投資人，關鍵是絕對不能感情用事，最重要的是不可衝動。真正成功的投資人都知道，在交易的過程中，情緒的起伏與變化，正是對你的意志力進行艱苦鍛鍊的過程。這不是要我們成為沒有感情的機器人，相反地，正是因為我們清楚知道自己是擁有感情的人，才能對此做出更好的調整。

Show Case

　　著名作家哈里斯和朋友在報攤上買報紙，他們朋友非常禮貌地對攤販說：「謝謝。」但是攤販總是板著臉孔，一言不發沒有任何回應。

　　哈里斯問到：「這個傢伙態度真的很差，是不是？」

　　他朋友說：「他每天晚上都是這個樣子的。」

　　哈里斯又問道：「那你為什麼還是對他那麼客氣呢？」

　　「為什麼我要讓他決定我的行為呢？」

　　這個小故事有一個很大的啟示：不應該讓別人的行為

影響你自己，不管是其他人本來就是這個樣子，或是他心情不好，都與你自己的情緒或行為無關。

市場也是一樣，你不應該讓市場的情緒影響你自己，你知道它原本就是這個樣子，它可能遇到了什麼事情，或是環境現在就是這個樣子。無論如何，這都不該影響已經找對方向而且優秀的你。

你需要確切地了解自己的行事風格，才能在決策時保持客觀和理性。避免讓情緒成為你的主人，去蒐集更多的資訊並且過濾，對投資進行分析和合理的判斷，這會幫助你在投資上做得更好。

投資不能用感情，信任不能當飯吃，理性的思考跟判斷能減少衝動後的損失。我們對於生活中的每件事情都有自己的喜好，這些事情的喜好都會影響我們的反應跟決定，而且我們都會不自覺。

我們不是機器，打從一生下來我們就是有感情的人，要違背我們的天性容易嗎？其實真的不容易，但也是因為不容易，才值得我們去做。畢竟，能夠堅持到最後一刻的人必然不是多數。這也是為什麼，贏家永遠只屬於少數人的原因。

成功的投資人對於自己的投資要求非常嚴格，只要有一點點不符合自己的投資條件，無論投資成本有多低，趨

勢有多驚人，也不用管這個消息有多少的報導，只要不符合自己的投資條件，就絕不參與。當然，如果你把感性這件事情完完全全當成投資優勢，也許可以另當別論。但是這些身外之物與自己有何關係呢？資本市場遼闊無邊，欲望無窮，但很多人卻都把持不住自己而被欲望吞噬。

善戰者必不好戰，真正的高手從來不是那些每天高調宣揚自己打贏勝仗的人。這些殺進殺出的投資人看似激情似火，其實哪個不是虧損累累？有誰看過哪個世界級首富整天出來喊喊自己又賺了多少錢呢？

Show Case

電影《大敵當前》的主角狙擊手瓦希里說：「森林裡的狼只能活三年，而鹿卻能活八年。」他所說的就是關鍵。想要在資本市場裡生存得更好更久，依靠的不是行動能力，而是你的耐性跟自律能力，不是看你一天賺了多少錢，而是看你生存了多久、賺了多久的錢。

理性思考需要的不是跟機器人一樣的邏輯能力，而是要有面對一切紛擾仍能把持自己的自律能力。確認機會來臨時，才開始大量行動。

伺機而動才能百發百中。

4. 堅持耐心

　　投資絕對避免不了波動與風險，如果你已經做出投資了，除了讓自己理性控制自己的情緒，更該拿出應有的耐心等候。你不能今天做出投資，然後明天就問收益，那不是專業投資人的表現。專業投資人知道自己投資的是什麼，只是市場需要時間醞釀，投資沒有一步登天的道理。

Show Case

　　1992 年，股神華倫・巴菲特的股東信中，提到了他對股權投資的投資策略，信的內容寫到：我們對股權投資的策略跟 15 年前一樣，並沒有多大變化。股神巴菲特對於股權投資的配置是七成，他有七成的投資不是投資上市公司的股票，而是那些還在努力發展階段的私人公司。至今還是沒有改變策略的他，依然還是股神。

　　我們應該要知道，財富是一步一步累積出來的，就像

是跑馬拉松，只有能夠堅持到最後的人，才會是贏家。很多人在決定要放棄的時候，往往都不知道自己離成功的距離有多近。

Show Case

　　邱吉爾是英國歷史上著墨非常深刻的一位首相。他不僅僅是政治家，還是作家、畫家、歷史學家，更是一位世界知名的演說家。曾被美國《時人》雜誌評選為近百年最有說服力的演說家。

　　在第二次世界大戰結束之後發表的〈鐵幕演說〉，揭開了冷戰的序幕。那次演說是邱吉爾一生中的最後一次演講，他受到劍橋大學邀請參加畢業典禮，學校邀請邱吉爾到學校做演講，雖然邱吉爾當時非常地忙碌，但他接到邀請後還是非常爽快地答應下來。

　　演講當天，劍橋大學的大禮堂擠得水洩不通，很多的學生都想要親眼目睹這位首相的風采，聆聽傳聞中魅力無窮的演講。

　　首相邱吉爾非常準時地來到了會場，他走上大禮堂的演講台上，就位站定之後，緩慢地把身上的大衣脫下來交給身邊的隨從，接著又緩緩地摘下頭上的帽子，然後目光

在大禮堂裡掃視了一周，等待足足一分鐘之後，他才用慷慨激昂的激情語調大聲說了一句話：「Never give up ！」就在所有聽眾鴉雀無聲地等待邱吉爾的下一句話時，邱吉爾卻向觀眾行禮致意後又穿上了大衣，帶上了帽子，然後走下演講台，龍行虎步地離開了會場。

大禮堂的所有聽眾全部都面面相覷，傻愣在原地，片刻後突然響起了如雷的掌聲，與所有聽眾激動地大喊：「Never give up ！ Never give up ！」

邱吉爾這次的演講，以迅雷不及掩耳的速度傳遍了全世界，也載入了史冊，他的那句「永不放棄！」成為了經典名言。

這位有著各方成就的英國首相，自出生後身體就不好，病痛很多。小時候成績幾乎是班上最差的，而且還有嚴重的口吃，連清楚表達事情都沒有辦法做到，立志成為演說家的時候，想當然耳是受盡冷嘲熱諷。這樣的遭遇沒有讓他倒下，卻讓他成為了英國首相，靠的就是堅持到底，永不放棄。

堅持不是要你盲目向前橫衝直撞，而是要清楚地記下自己的目標。碰到困難時，應該要解決問題而不是選擇放棄。我們可以堅持目標，但要隨時調整方向跟作法，千萬

不要輕易放棄，就像馬拉松一樣，距離長短是耐力跟毅力的考驗。

> 如果選對路，但卻沒有堅持到底，你對不起的將是你自己。

5. 自我調整

做一個專業的犯錯者。什麼叫做專業的犯錯者呢？這是一種對待錯誤的態度。人人都會犯錯，我們都可能因為犯錯而失敗，但我們都知道失敗為成功之母。犯錯是好事，因為它會提醒你可以做得更好，每犯一次錯誤就是一次改進的機會。

Show Case

第 49 任巴拿馬總統里卡多，2009 年 7 月上任後，一直覺得巴拿馬的護照不夠精緻，決定要進行一次大調整。

2010 年 5 月，總統里卡多下令重新設計護照的圖案樣式及顏色，並且由他親自進行審批。兩個月過後，巴拿馬的國家護照管理局依照總統的意思，設計並且製作了幾

本護照樣本，上交給了總統府。這幾份光鮮亮麗且作工精細的護照樣品，很快就獲得了里卡多的讚賞，里卡多要求護照管理局用最快的速度開始發行新版的護照。

幾個月過去，10月3日這天，總統里卡多又把那幾本護照樣本取出來欣賞。突然，他發現護照上有一個非常細微的錯誤，巴拿馬的國徽中有一個十字叉是鐵鍬和丁字鎬，但是新的護照上面所印的卻是鐵橇和長柄方錘。

國徽出現錯誤，對於一個國家而言簡直是奇恥大辱，總統里卡多決定要為自己所犯的失誤負責。他先要求護照管理局立刻更正，並用最快的速度趕製正確的新護照，同時也要求護照管理局統計出這些失誤護照的使用數量。

國徽出錯的護照統計結果是四萬多份，這就表示，由於總統的大意，已經有四萬多人拿著這些國徽出差錯的護照，在世界各地受他人的恥笑。

總統里卡多要求護照管理局用最快的速度把這四萬多人的名字整理列出，他要在第二天發表電視演說，向這四萬多人道歉。

2010年10月4日晚上7點，總統里卡多準時走到觀眾的面前，他先介紹了道歉的緣由，然後，他開始一一念出拿到國徽錯誤的護照人名。

開始之後5分鐘過去了，里卡多在念名字；半個小時

過去了，里卡多依然在念名字；一個半小時過去了，他們的總統里卡多，還是一個一個地在念著那些名字。

電視機前的巴拿馬民眾困惑了，難道總統真的要把這4萬多個名字全部一一念完嗎？那要念多長的時間？漸漸地開始有越來越多人打電話到總統府和電視台詢問這件事情，他們從人員的回覆得到這樣的答覆：以平均每個名字要花3秒計算，總統念完四萬多個名字起碼要花掉33個小時，加上中間可能會有兩次短暫的睡眠，及上廁所跟吃飯的時間，這場電視道歉將會持續至少50個小時。

用50個小時向四萬多個人道歉？民眾都感到震驚。突然之間，沒有人再去計較總統究竟犯了什麼錯，沒有人再去計較護照上的國徽出錯的問題有多嚴重，沒有人再去關心總統究竟是在向誰道歉，大家都為了總統里卡多的身體健康，開始打電話阻止總統繼續道歉下去。

里卡多沒有停止。3個小時過後，已經是半夜10點鐘了，里卡多還是繼續在電視裡一個一個地念著名字，他的電視道歉，感動了整個巴拿馬，甚至感動了身在國外的巴拿馬人，他們紛紛從海外各地打越洋電話回國，勸總統停止道歉。里卡多這樣回覆他們：「如果連具體名字都不念，那還談什麼尊重與道歉呢？如果連一個道歉都無法具體地落實到一個人的身上，那還指望我為你們落實什麼

160

呢？如果我連為自己承擔錯誤都做不到，誰還能指望我來為這個國家承擔些什麼呢？」

晚間 10 點 50 分，在道歉進行了將近 4 個小時的時候，有一位海外的巴拿馬人在電話裡說：「總統先生，如果你對民眾們的建議如此不在意，我們還能指望你今後能聽取我們什麼建議呢？」

總統里卡多這才抬起頭來，對著與電話連線的麥克風問：「你們真的可以原諒我所犯的這個過失？」

電話連線那端的聽眾很肯定地回答說：「總統先生，我們原諒你。」

這樣的一句話，讓巴拿馬全國上下舉國沸騰，所有電視機前面的一般民眾，他們不管總統能不能聽見，紛紛大聲喊道：「總統先生，我們原諒您。」直到這時，總統才停了下來，他向著鏡頭鞠了一個躬，對著所有鏡頭前的觀眾表達感謝後，走下了講台。

錯誤本身是正確的，它告訴我們什麼事情不可為，讓我們知道要做出修正，而這些修正就是我們成長的養分。

投資市場是世界上最公平的地方，你做對了，可以得到獲利，但若做錯了，一定會蒙受損失。這是一種市場化的糾錯機制，可以幫助你更有效地學會修正自己的錯誤。

不要因為投資有損失而擔心害怕停止了你的投資，因為當你有過損失，只要你記得修正，你會因為犯錯率降低，而更容易獲得更高的回報。

錯誤是成功的養分。

我們已經知道成為一個成功投資人的核心關鍵，但你還是需要時間去市場上磨練你的經驗。你一定聽過：「雞蛋不要放在同一個籃子裡。」這段話也對也不對，每個人有每個人的方式，但是在大多數時候，我們遇到的都是那些在賣籃子的人，也就是銷售的業務，因為他們的目的就是把你的雞蛋裝到自己的籃子裡，老王賣瓜肯定是自賣自誇，所以不會告訴你其他的籃子有什麼好處。

所以你想要獲得更多經驗，就必須花時間下去了解什麼樣的投資適合你，並且實地作出投資，才能夠知道你的判斷是否正確，正確了，就恭喜你。錯了，也要恭喜你，因為你累積了更多可以幫助自己成功的經驗。

投資也是一項可以作為事業的事情，如果要把投資作為事業讓自己可以過上愜意的退休生活，趁早累積投資知識、經驗、能力以及智慧是很重要的。與其等到手上有錢

才要開始，不如提早增進你的投資智慧，這樣手中有錢時，在配置上會更能做出好的判斷。

　　人的一生中能夠累積多少財富，不是取決於你的工作收入，而是你有多了解投資理財。現在有越來越多的人透過資本市場獲得驚人的收益，也有越來越多的人認識到股權投資的價值，這也表明股權投資市場正在往好的方向發展成長，有越多人的投入，就更能表示股權投資的趨勢正在來臨。

Show Case

　　全球知名的私人銀行UBS瑞士銀行與家族財富管理諮詢機構曾聯合推出全球家族辦公室報告（家族辦公室是專為擁有龐大財富的家族而設立的私人辦公室。辦公室的目的是處理家族主要資產及核心持股，包含稅務、會計、財產及遺產管理，同時為家庭成員提供教育、專業及高尚生活的服務）。這些家族辦公室管理資產總額超過兩千億美元。

　　這項研究的主要研究成果為：這些家族辦公室投資重視長線及接受低流動性、亞太區家族辦公室投資組合偏好私募股權及股票、財富傳承是亞太區家族的首要工作、影

響力投資的增長等。

　　亞太區家族辦公室平均管理 4.45 億美元，股權投資
（包含創投、私募股權、私募股權基金）的佔比超過五分
之一，來到 20.9％，金額接近 1 億美元。全球家族辦公室
平均管理規模為 9.21 億美元，股權投資佔比為 20.3％，
金額接近 2 億美元。

　　透過這份報告，我們不難看出高資產人士的投資動
向，更能了解富豪的投資喜好。亞太地區的高資產人士更
喜歡股權投資，較大的可能原因是亞洲股市下跌的熊市較
長、上漲的牛市較短，因此讓不少高資產人士卻步，導致
亞太地區的家族辦公室沒這麼喜歡投資股票。

　　股權投資是將資金投資到實體經濟，及企業體內，因
此成為了企業的長期股東，好的投資人會將自己的資源與
能力連結到公司內，為企業的長期發展做出持續性的長期
貢獻。

　　所以，總結來看，股權投資有兩個特性：一個是為企
業帶來增量的資金；二是投資人作為股東所帶來的持續性
增值或服務。也因此有意願要上市的企業是非常歡迎投資
人的，因為只有讓更多的人參與，企業才能有更高的機率
成為上市公司。

　　另外一種股權投資的形式──「併購」，這點我們就不做太多介紹，這個領域需要太多的專業技能及知識，對產業、商業跟市場更是要深入了解，對於初入股權投資市場的朋友，沒有投資團隊的情況下是非常難以達成的。併購不是透過短期的買賣公司股權去賺錢，而是透過企業的發展賺錢，這相當於買了一家公司要自己經營，在沒有投資團隊之前，建議大家還是不要輕易嘗試。

　　透過投資實體企業，將資金帶入實體經濟，以增進企業發展，在這個過程中我們要選擇的是好的企業主、優良的經營團隊、健全的企業體質跟商業模式，優質企業主團隊獲得足夠資金的情況下，企業往往會經營得越來越好。隨著時間的推移，企業會為投資人帶來高確定性的高回報，這是透過企業團隊與投資人共同努力累積的結果。時間越長，往往投資回報越高，這是股權投資的特色。

　　如果你期許未來能夠成為一個投資家，你一定會需要組建一個可以信任的投資團隊，這對於未來的投資成就一定會有所幫助。如果短期間還沒有足夠適合的，就找到現成已經有的去參與吧！

4-2
認識企業思維

　　身為股權投資人，我們需要對我們所投資的企業有所了解。而最快速的方式就是換位思考，並且了解他們該做些什麼、有哪些流程、有什麼事應該要準備等等，這樣可以更直接有效地提高你的投資勝率。因此，雖然有很多事情可能與你原本的生活無關，但是從現在起，拓展你的見識廣度吧，這會對你有幫助的。

Show Case

　　美國企業家信條：我不要選擇做一個普通人。如果我可以，我有權成為傑出的人。我尋求機會，不尋求安穩。我不想成為一位有保障的國民，孱弱而沉悶地安享著國家的照顧。我要做有意義的冒險。我要夢想，我要創造。我要失敗，我也要成功。我渴望獎勵，拒絕施捨。我寧要充滿挑戰的人生，也不要萬無一失地活著；寧要心滿意足地顫抖，也不要委靡虛空的平靜。我不會拿我的自由換取恩

惠，也不會拿我的崇高換取救濟。我絕不在任何權威面前發抖，也絕不為任何恐嚇所屈服。我的天性是挺胸直立驕傲，且無所畏懼。我要自由地思考和行動。我要縱情於我創造的價值。我要光榮地面對著世界，我要說：「在上帝的幫助下，我做到了。」

　　這是美國企業家協會所頒布的企業家信條，透過這個信條，我們可以發現企業家是非常具有冒險犯難的精神。我們也可以知道，擁有企業家天賦的人應該是如何思考，這樣可以更有助於我們找到有潛能的上市企業。

　　公司上市是打造一個可以被信任的企業，最快速的方式，同時也是一個培育富翁的搖籃，一個企業根據自己的實際情況，來決定要走上市或是不上市的道路都有各自的原因，當然這一定是做出選擇的結果。

　　企業上市前首先要進行相應的論證，明確知道上市能夠給企業帶來什麼，審慎權衡利弊與得失，然後才做出最後的判斷。

　　依照目前市場上已經上市的企業所走過的路，我們可以簡短概要地說明上市的過程，都需要按照以下幾個步驟來執行：

　　(1)要聘請專業，甚至有推動公司上市經驗的會計師、

律師、顧問、推薦人等有關企業上市之機構，進行未來上市的規劃與準備。

(2)企業透過各個專業人士的指導對企業法人治理結構完善，包含章程、股權設計、融資規劃、營運規劃、公司發展計畫等項目，調整公司的資產以及財務帳目，開始進行上市的準備。

(3)市場營運、尋找股東、市場開發與市場拓展等眾多營運事務。

(4)上市前的資本運作，與投資人簽定協議，進行融資、增資、增發、配股等作業。

(5)上市準備，發行人、證券公司以及各機構投資人簽署相關協議。

(6)上市前的輔導，針對公司的結構加以穩定、強化以達成上市目標。

(7)上市前的報告、備案、審查，以確定符合上市所在地區的法規，並取得該地政府、相關主管機關的認可，要確保一切都符合上市標準，最後獲得批准申請掛牌。

(8)上市後的相關資訊揭露，依照上市地區，其當地的法令、法規等規定，以符合規範的方式向投資人以及社會大眾公開資訊。

　　這個過程中包含很繁複的工作項目，需要準備的文件也非常多，特別是會計師團隊的財務審查工作量極大。股票交易市場對企業的財務有很多嚴格的要求，但只要企業認真依照當地法規規定的條件與程序作業，上市就有很高的可行性實現。

　　而上市其實只是一家企業合格的基礎，企業在上市後才真正的開始面臨各方的挑戰，上市後能否實現企業產品和服務品質提升，以及企業的營利持續成長，這才是企業需要不斷努力達成的。上市只是對早期投資人做出最好的回應，上市後的企業同樣必須不斷努力，才能持續保持增長，以符合更多大眾投資人的期許。

　　關於投資與企業經營，筆者剛好都有些許經驗，這部分都是實際經歷的累積。碰巧這樣的經驗幫助我更快速地進入資本領域。在人生脫離谷底過後，筆者組織了多元商學院（現為 MBC 多元商），更成立了一個提供大家股權資訊的俱樂部平台。透過集團化的方式經營，授魚也授漁，希望能夠幫助更多人增長知識少走彎路，並且藉此幫助大家累積資本。時至今日，筆者已經有十三年的投資理財經驗與六年的創業歷練，這些過往實際經驗的累積，時至今日都是幫助自己成功的關鍵。

　　這些累積的經驗之中，有一點非常重要，也是筆者一

再強調的「識人」，對企業經營決策者的了解，往往會直接決定你的投資成敗。識人真的是一件很有趣的事情，因為它不是一門科學而是一種藝術行為，好比說，情人眼裡出西施，喜歡與不喜歡完全是感覺。我們唯一能做出判斷的就是企業主的行為，而有時你看到的行為卻可能是對方下意識表現出來的，這就表示要認識一個人變得不是這麼容易，一個對於交際技巧非常熟稔的企業主，你可能要花較長的時間才能多了解他一點點，這就直接地增加了我們的投資難度。而一個不善於交際甚至忠厚老實的企業主，有時可能很真實卻又因為不善言辭、不太討喜。因此我們在選擇所要投資的企業時，通常會尋找這兩類的平衡點。

　　如果企業主本來呈現的就是真實的自己，對於投資人而言當然是最好的，但在這個大家都重視包裝、強調形象的時代，很多事情只可意會不可言傳。我們可以從企業主平時的待人接物，是否敬老尊賢，對每個人言語談吐的態度，甚至是家庭等層面去觀察，藉此判斷是否符合你的標準。如果這個人對事情本身有興趣的程度遠遠大過於金錢的重要性，那麼這樣的人可能是很適合投資，因為他對興趣的熱情是足夠的，這樣的企業主能夠日復一日地去發展自己的興趣，企業本身就需要長時間的累積壯大，而這樣的企業主剛好最能夠勝任投資人託付的未來。

　　觀察企業主的行為，誠實、負責、有耐心、有毅力等特質都是對於我們投資人來說要放在第一位的條件。除了企業主自身之外，有時透過企業主的朋友圈，可以更加了解企業主的能力跟他背後的資源，甚至可以看出這個企業主的交友層次以及各種生活習慣，從而去驗證我們身為投資人所看到的樣貌。

　　再來是觀察企業團隊，同樣還是要觀察人，團隊的凝聚力、士氣等狀態都是對於能否成功很重要的因素。

　　除了人品、道德、誠信、責任等等以外，能力也是很重要的環節，企業主以及團隊的商業邏輯也是必要條件之一。產品是否有足夠的市場拓展性，市場可能的規模程度如何，為什麼創業，憑什麼成功，這些也是未來成功與否的基礎。

　　除了人以外，我們還需要了解企業是否具有投資價值，這個部分就比較適合作為參考，因為市場瞬息萬變，上一刻可行的模式下一刻就可能沒有未來，一切都還是要回到市場上交給市場決定。這裡分享給大家一個真實的商業案例：

Show Case

2017 年年初，一位年僅 26 歲的年輕新加坡企業家喬治（化名），獨自前往越南尋找當地市場機會。因緣際會之下，他認識了越南當地的頂層富豪，而且這位富豪非常看好這位年輕人的未來發展，也因此這位富豪決定要幫助喬治建立他的事業。很順利地，這位年輕人取得了越南下龍灣觀光碼頭商場的經營權，並且順利在 2017 年年尾的時候開幕。

筆者也受邀到現場參加了這個下龍灣觀光碼頭商場的開幕儀式，這個觀光碼頭的商機真的非常驚人，旅遊高峰期的時候一天人潮會超過十萬人。開幕當天還有舞龍舞獅等表演，那位富豪也親自到場跟喬治同台進行開幕儀式。

開幕後的連續三個月，每個月營業額都接近兩百萬美元，獲利速度很是驚人，所有股東都非常看好後續的發展，對未來的獲利抱持著非常大的期待。

但好景不常，三個月後公司的幹部開始會無端消失不見，幾天後回來都是遍體鱗傷，高階主管詢問都不敢回答。與觀光碼頭配合的中國旅行社經理也消失三日，三日後，一有音訊便終止了跟下龍灣觀光碼頭商場的合作，並且連夜搬離原中國的住所。

在此之後，幹部們不經申請陸續離職。配合的旅行社也紛紛終止合作。十日後，有一部遊覽車開到觀光碼頭商場的正門口，這部遊覽車剛好堵住了入口，車上坐滿一群一眼就可以辨別的好鬥之徒。

當日，喬治決定不再堅持，所有人員撤離下龍灣觀光碼頭，並且退出越南市場。

這個過程中參與其中的這位富豪也用盡資源出來與當地人員協調，遺憾的是富豪來自越南的南部，而下龍灣觀光碼頭屬於越南北部，而北越這個地頭蛇可以這麼有恃無恐地作惡，必然有他的背景存在。

這個案子當時融資金額約兩億新台幣，並非一個小數字，喬治連當地的庫存與所有的商品都沒有辦法清算，就連夜返回新加坡。

回到自己的國家後，喬治並沒有因此自暴自棄，他告訴所有他的股東，他會先做個小生意沉澱一下自己，並且計劃其他的生意，大家不需要再出資，他會繼續為支持他的股東賺回這些錢。

透過這個真實案例我們可以知道，這責任並不是完全在企業主身上，因為當地文化超乎他們想像得不可思議。大家在投資前也沒有意識到會有這樣的情況發生，這幾乎

完全可以說是外部因素，但這位企業家擔下了這個責任，願意為所有股東負責，這就是一個投資對人的情況。

　　如果你的識人能力能夠提升，你的投資成功率一定遠大於其他人。除了人選對了，我們也要對企業有所了解。

　　以下幾點是針對企業評估的觀點跟讀者分享：

1. 商業模式與市場趨勢

　　公司的商業模式與市場的趨勢是否有關係，公司是符合趨勢還是創造趨勢都很重要。再來是公司的成本結構、成本管理的能力，整體營運成本的管控涉及到公司的利潤，如果沒有妥善地管理成本，公司可能會有很大的風險。因此，如果企業家不能確切控制成本，就會需要外來的助力了，這也能避免投資人的心血被無端地消耗。而良好的成本管理，可以幫助企業更加長久，也可以讓投資人有更多獲利。

2. 市場增長與利潤增值

　　產品的市場增長空間還有利潤增值幅度也是很重要的，如果市場不對，努力將全部白費，因此企業的市場規劃需要可靠的依據，而不是企業家想想就好。必定要做好市場的綜合評估，以確保有合理的利潤，以及預期收益。

這點是很多創業者失誤的地方，很多創業者覺得自己的想法非常厲害，但事實上，需求不代表有市場。美國的研究公司指出，百分之四十二的創業失敗都是因為沒發現這個問題，這個近半數的比例證明，市場才是最真實的。

3. 企業資本支出及估值

企業的資本支出以及企業估值，這是我們衡量企業的基本指標。資本支出同樣是成本，但是支出的地方如果能夠帶來收益，就可以提升企業的估值，估值是對公司的價值進行評估，公司的價值取決於公司的資產、獲利能力以及未來增長的潛力。更高的估值對於早期投入的投資人而言，意味著更多的獲利。

4. 企業風險管理

新創公司往往規模都不大，公司經營既沒有系統化，技術也比較不純熟，產品更是有待完善。這都很合邏輯，沒有哪一個初創企業就是完美的，因此合理的風險管理是有其必要。對於投資人而言，適當的調查是降低風險的最好方式，也是投資決策的關鍵。單是旁敲側擊地聽其他人講得天花亂墜，不如實地考察感受一次。

一個企業的風險管理從頂層設計、股權設計、財務的

控制、規定的健全、資產品質、資產管理效率等項目,到團隊、產品、市場前景等都是非常重要的。

　　如果我們要建造一棟摩天大樓,我們要考量的範圍需要從地面甚至地下的土地,到天上的天氣、氣候,甚至飛禽、飛機航線等方面都是需要注意的,只要有哪個環節不對,這座摩天大樓都可能會因此倒下。這些事情都不是等大樓蓋好了之後能夠立刻解決的,每個環節都需要做好事前規劃跟安排,在事情發生前,盡可能地注意到更多的細節,這樣才是良好的風險管理。在碰到突發事件時也能有較好的緩衝餘地。這是對企業本身負責,也是對投資人負責的表現。

4-3
股權投資必備思維

　　作為投資人，投資之前一定要確定好投資的風險、目標，以及預期的投資進、退場方式，當然作為融資的企業主也必須提供一套清晰的退場策略。

　　前面有提過幾種退場方式，在這邊我們簡單複習一下，並了解這些退場方式的好處。正常的退出方式有五種：IPO、被兼併收購、企業回購、股權轉讓、破產清算。

1. IPO

　　這點肯定是投資人以及企業主都最希望達成的方式，這也是股權投資中投資回報率最高的退場機制。只要順利將手上的持股在二級股票市場轉售，投資人將會獲得驚人的財富。而對於企業主來說，他們終於及格了，未來的挑戰也要正式開始。

　　本書一開始提到：趙薇投資中國創意控股獲利十一倍、鼎暉投資 360 獲利四十倍、賽富投資 58 同城獲利四十八倍、IDG 投資搜房網獲利一百零八倍、今日資本

投資京東獲利一百二十一倍、紅杉資本投資聚美優品獲利一百四十四倍、天使投資人徐小平投資聚美優品獲利八百倍、王剛投資滴滴打車獲利一千倍、米拉德投資騰訊獲利兩千倍、軟銀投資阿里巴巴獲利數千倍，或是阿諾史瓦辛格、老虎伍茲的投資獲利近萬倍等案例，這些都是成功達到 IPO 之後的投資報酬率。這些人的投資不可能都是自己一個人投，肯定有無數的跟投者因此獲得巨大的財富，就算是小小的十萬、二十萬，都能夠在這樣的倍數加乘下產生驚人的獲利，幾乎所有的股權投資人都是以此為獲利目標進行投資。

2. 兼併收購

投資人所投資的企業被專業投資機構看上，並且提出高比例的股權收購，投資人以高出投資本金的金額出場，投資人有所收穫。併購案件在市場上其實常常出現，但通常是以較低調的方式進行，因此大眾對併購幾乎是完全不了解，往往對於併購都是較為負面的思考方式。事實上併購對於企業其實是一件很好的事情，因為可以導入更完善的資源以及更優秀的人才，甚至會有更好的發展。在資本市場上，能夠被其他機構或財團看上，基本上就是一種認可，應該是要高興的事情。本書提到的黑石集團買下希爾

頓酒店集團，就是國際併購案例中知名經典案例。

3. 企業回購

這點較為特別，往往是企業的財力非常雄厚比較有可能發生，或者是因為股權結構零散，需要重整時才會發生。通常企業回購時都可以議價，如果投資人有意願要出場，可以站在雙方的立場考慮出場，往往也能獲得不錯的投資回報。

4. 股權轉讓

股權轉讓通常比較會發生在投資人需要運用資金的時候，此時有認股的投資人可能會尋找其他買主，以將自己的股權轉售給對方，這個是靈活性最高的方法，也是較為簡單的方式。

股權轉讓跟併購的不同是，買賣股權比例的差異，併購案通常是買下過半數的股權來獲得主控權。股權轉售主要是為了盡量能夠在短期內快速套現的操作方式，這個方式也較適合大眾投資人控制風險，只要運用得當，一般投資人也能藉此成為財源滾滾的資本家。

5. 破產清算

破產清算肯定是大家最不希望看到的退場方式，企業可能因為各種因素導致經營失敗，也連帶使得投資人的資本損失。當然也不是說破產清算就結束了，好的企業主會願意為支持自己的人負責，第一次跌倒了，但是好的企業主有很大的可能性會再次地站起來為投資人繼續服務。

身為投資人當然都會以追求最大經濟效益為目標，不過我們還是要理性地了解企業狀況，並且清晰明確地知道自己有哪些退場機制可以運用。當然也不是要大家一有問題發生就只想著出場，好的投資人要能夠協助企業找到解決問題的方式，比如：當企業需要人才，你可以介紹可能的人才。當企業需要資源，你也可以提供相關資源，這樣才是優秀的投資家風範。

另外投資人還需要知道投資的產出分析，簡單來說就是知道企業融資後的財務用途，錢投資在什麼地方，成本花費在哪裡，需要投入多少資金，投入的金額合不合理。再來是投資之後能夠換到什麼，能夠達到什麼樣的經濟效益，多久可能可以獲得回報等等。

依照計劃書的融資規劃，我們可以預先判斷出每次融資資金的方向，可能達成的結果，以了解融資方案會不會過度樂觀，成功機率偏高還是偏低，是否合理等，再透過

具體財務指標來判斷可能的結論。

　　相信你已經很清楚投資是投人，那麼我們更該考慮到一些細節。比如：企業主的思維、格局、價值觀、學習力、誠信、道德、時間觀念、心理狀態、健康情形、抗壓性是否足夠承載企業、企業主的人格特質是否能夠吸引優秀人才、領導能力如何、工作能力如何、自制力如何、應變能力、適應力等等。一切有關個人的細節我們都應該去注意，比如這個企業主可能習慣性不守時，那會因此發生什麼樣的問題我們都可以預判得出來。或是企業主不夠有誠信，講話老是誇大其辭會發生什麼問題，這些都可以透過觀察來推敲出可能的結果。

　　以上這些我們都可以透過對企業主的了解去發現，準確的眼光可以讓自己獲得最大的經濟效益，也可以真正幫助優良的企業有好的發展。

　　但是有很多事情我們是無法預料到的，俗話說得好：「千金難買早知道。」要對可能影響行業的各種可能因素做出充分的預估以及有邏輯的判斷，隨時關注整體市場變化，把資本放在具有前景和未來有收益的地方，與其拼命地賭一把，不如降低風險，追求更高的勝率才是關鍵。雖然可能因此錯過一些機會，卻能保護好自己的資產，未來自己的條件更成熟時，一定能做出更好的選擇。

如果你想成為一個專業的投資家，那有幾點思維很值得你去深思。

(1)華爾街的投資機構說的都是對的嗎？

(2)矽谷的投資機構說的都是對的嗎？

(3)在 A 地區成功的生意在 B 地區也一定會成功嗎？

(4)輕資產一定比重資產好嗎？

(5)有資產的企業比較容易成功嗎？

Show Case

巴菲特並非一個走在潮流之前的人，1990 年代後半，由於巴菲特不肯加入投資科技股的行列，因此被大肆攻擊，人們攻擊巴菲特落伍了，給他冠上老古董的稱號。

不久後，大家對於攻擊巴菲特的聲浪漸漸地消失了，因為科技股的泡沫化來得驚天動地，那些自認為眼光精準，大罵巴菲特是老古董的投資人，在這場浩劫中幾乎灰飛煙滅。但是在這場浩劫過後，大家所謂的「老古董」，開始投入了高科技股。從軟體到網路，幾乎都有涉略。

原來股神巴菲特不是不投資高科技股，而是他認為時機未到，市場尚未成熟而已。

　　就經營企業而言，能夠符合當地的環境、市場、文化才是能夠在異國發展的條件。舉個例子：在印度賣奶茶跟在台灣賣奶茶，從根本的文化上就完全不同，台灣的奶茶在印度被稱為是「沒有誠意的奶茶」，原因是因為印度的傳統習慣，奶茶都是要加上香料。台灣知名手搖茶飲品牌在印度插旗就吃了大虧，開了三家店，就收了三家店。

　　這三家主打純正台灣味的奶茶，於印度市場中被認為是忘了加糖。在印度當地，小小杯的奶茶，糖可是好幾大湯匙地加。此外，印度的奶茶每一家都會有其獨特的風味，無論是什麼樣的香料都不可或缺。而且印度的奶茶都是熱的，就算是炎炎夏日，印度人還是要來上一杯熱騰騰的奶茶。在印度的家庭作客，冷掉的奶茶是會被收走的，因為冷掉的奶茶不只會失去香料的養生療效，從待客的角度上還會顯得主人招待不周。

　　除此之外，食的文化差異也很大，印度沒有什麼口感Q彈的料理，把珍珠加進飲料裡對他們來講很奇怪，因此台灣的珍珠奶茶他們根本不碰，也難怪這麼大的手搖茶飲品牌都要鎩羽而歸。

　　如果在市場發展前沒有發現這些文化的差異，光是喊口號說要把奶茶帶進異國市場就不太容易成功了。所以很多時候，投資人要投資什麼事業體，或要投資什麼看似很

厲害的商業模式根本不重要，重要的是「老闆發現問題與解決問題的能力」。如果一個企業主在傳統事業上的專業很強，或是發現與解決問題的能力很強，賺大錢的機率，甚至會超越一般創新的科技行業，風險也會更低。最後你的投資還是要回歸到「投資是投人」的根本上，不管什麼產業，企業主本身才是能不能成功的關鍵。

讀到這裡，我們能夠發現，具體分析與解決問題的邏輯比解決問題本身還要重要，因為同樣的問題解決方式在不同國家是不會得到相同結果，你還必須要了解問題本身的邏輯是什麼樣，才能真正的去解決問題。

如果能夠深思這個部分，未來的每一件投資的大小事情都難不倒你，每一件事情都有合理的邏輯存在，無論這個邏輯是建立在什麼樣的情境與環境，只要知識跟資訊足夠，相信你一定會得到更多積極的啟發。

你現在的財富比例，完全符合因果的邏輯；而你未來的財富比例，取決於你對創造財富的認知邏輯。

4-4
資本家的思維

　　西元 2005 年 2 月，一家洗車公司在香港主板上市。西元 2009 年，一家洗碗公司的營收超過兩億，一年可以賺進至少一個股本，選擇上市都不是問題。洗車跟洗碗都一樣可以上市，不是能不能，而是要不要。

　　有句話是這麼問的：「是我們的腦袋沒有容量還是市場沒有容量？」相信這個問題的答案顯而易見，很多時候是我們自己限制了自己的想像力。

　　筆者有一個朋友，他在越南是在經營星級酒店生意，有一天聽聞他說想要在國外開旅行社，有朋友就問他：「你開酒店好好的，為什麼要去開旅行社？」他說：「我把客戶從國外帶來越南，住的是自己的酒店，途中用餐帶到自己的美食街，這樣生意更好做。」

　　相信聰明的讀者應該都知道這個經營酒店的企業主打的是什麼算盤了，客戶付錢給他的旅行社，他的旅行社又付錢給自己的酒店，觀光途中又到自己的美食街，付餐費給自己的商家，自己的產業就能形成一個自己的經濟體

系，這樣的企業能不賺錢、不長久嗎？

　　這些生意本身都可以各自獨立，卻又可以整條串起。這位企業主定位自己經營的不單是酒店住宿的生意，而是一個觀光旅遊的產業，所以壯大發展成這樣的形態。這是格局的提升，也是開放性的思維模式。

　　大多數的時候，我們很難跳脫出原有的框架思考事情，大家都說要做好一件事情，那麼什麼是做好一件事情呢？如同上述這位朋友將自己的酒店定位在觀光旅遊產業，所以他發展了更多觀光旅遊產業，並且運用這個產業做出戰略性的布局。格局的差異，造就了結果的不同。

　　試想，有多少成功的資本家是只做一般大眾所謂的一件事情呢？他們是先成功才開始有這樣的思維，還是先有這樣的思維才成功？

　　資本家與投資人最大的差異就是思維模式的不同，一般的投資人是以現金思維為主。現金思維，顧名思義就是追求更多現金，用最簡單的例子來說，就是一般殺進殺出的股票投資人，一有獲利就了結，短期有利益就變現，手上賺進越多現金越好，這就是標準的現金思維。

　　而資本家追求中長期市場的資本思維，尋找好的公司及標的，確認過後長期持有該公司之股權，將該公司的股權作為資本。長期下來只要公司穩定，資本家就能獲得源

源不絕的資本收入。也許等待的時間比較長，但是資本比起現金是更容易增值的。如果過程中所投資的公司增值，又碰巧發現其他好的標的，資本家也能夠將部分持有之股權轉售，轉投入新的公司，以獲取更多潛在的股權資本，這個模式持續重複循環，資本家就會擁有多家企業的股權，擁有更多的實質資本。這個過程中，無形間會累積更多的人脈與知識的資本。

　　以上兩相比較，長久下來，聰明的讀者認為哪一邊會比較富有呢？一般的投資人沒意外手上會有很多的現金，但是還是沒有任何被動性收入或持續性收入，必須要持續操盤繼續殺進殺出。

　　而資本家沒有意外將會持有很多公司的股權，這些公司每年都要配息給投資的資本家，短期的獲利可能沒有殺進殺出快，但只要時間一長，資本家的收入將會源源不絕，時間越長，所擁有的股權越多，每年配息的收入將會超過數百萬、數千萬甚至更多，而這就是資本思維開花後的結果。

　　透過時間的累積，股權投資人會逐漸成長為資本家，過程中必然會有投資失利的事情發生，但是這些都將成為資本家成長的養分，這些失敗的經驗將會累積轉化提升成功率，幫助資本家更加茁壯，更加有眼光。

　　讀者應該可以在生活中發現，投資人滿街都是，而資本家真的只在少數，造就如此現象的不僅僅是耐心存乎與否，還有所行的路截然不同。

　　就像前面便利商店的例子，很多人希望便利商店的營收跟自己有關係，但真的要做的時候卻覺得收益沒有這麼高，甚至還要承擔風險，因此不願意投入資本。

　　歷史的長河不斷反覆地為我們證明，那些願意長期投入的人是正確的，所以他們獲得長期穩定的資本收入，而不是那些在金融市場殺進殺出的人獲得長期穩定的收入。

　　想要成為資本家，除了需要耐得住性子，接受中長期投資報酬之外，還需要將眼光放長放遠，不去盲目追逐眼前的短期利益。資本家之所以有錢，並不是因為短期的交易頻率高，而是他們更了解一個事業體透過時間累積能夠帶來更大的價值。

　　就像房地產的投資人之所以能賺到錢，都不是高頻率的買賣，而是透過一段時間的等待讓地產增值。引述台灣一位花旗銀行資深陳姓投資前輩所說過的話：「投資沒有專家，只有贏家跟輸家。」是贏家還是輸家，這點不需要跟其他人爭論，因為賠的錢是你的，賺到的也是你的。

　　我們只要知道，五年甚至十年過後，自己是不是能夠過得更輕鬆自在，是否能開始不再為每個月的開銷煩惱，

是否能有更多源源不絕的收入流向你，然後追求自己真正的人生目標，這樣才能做自己人生的贏家。

企業家與資本家有根本上的不同，用一個比喻來說：企業家是專一的，不斷地把資源、資金、資產全部盡其所能地用於對它好，總是希望它能更有價值，希望能讓它賺進更多的錢。企業家會把自己的品牌做好、把銷售做好、把管理也做好，然後把市場做大。

而資本家是花心的，資本家會找到很多個它，然後想方設法全部都發生關係。資本家要做的是，幫這些原本就已經經營得不錯的公司融資，幫助它們有資金為自己帶來更高的價值，創造出更大的估值與市值，然後再找到更多的資金去拓展事業，最後做到公司上市。

公司要達到上市階段是有邏輯可言的，我們可以選擇相信一切都有方法，也可以選擇不相信。在全球市場上已經有很多的上市公司，這是市場的容量，不要過多地自我侷限，多數人的腦容量侷限了自己的發展與未來。

資本家很敢想，所以才會想方設法要和好的企業發生關係。如果你已經是投資家了，那麼就進一步開始讓自己成為資本家吧。

一個人的眼界可以改變一個人的世界，眼界改變了，命運就改變了。一般人無法想像脫離他們感知跟體驗的範

189

圍，他們無法想像自己過往不曾體驗過的東西。可想而
知，如果他們從來沒有機會接觸更大的世界，那麼他們就
會活在自己封閉的世界中。如果僅僅只是通過閱讀、網路
訊息，是無法更深刻地體會到那些身在其中的細膩感受。

　　間接了解、親眼目睹、親身感受，這是三個完全不同
層次的體驗，最真實的，肯定是你的親身感受了。與其道
聽塗說，不如多參與一些事情，把最真實的感受記在心
裡，那就是屬於你的經歷與故事。

4-5
獲利先行者

　　股權投資能被稱為一級市場上的掌上明珠，必然有它的厲害之處，除了前面介紹到的數倍投資報酬之外，股權投資也能將一個平凡人變成資本家，唯一的問題是，大多數人不得其門而入。或者應該說，大多數的人根本不相信有這麼好的事情。筆者認為，與其霧裡看花，不如實際進到這個圈子裡去看看。光是聽別人說的，以及自己想像的，都不如親眼見識到的真實性。

　　資本市場中有七種經典的故事天天在上演，不管故事的開頭是什麼，無論故事的過程是多麼高潮迭起，都脫離不了這七個故事的主軸。我們一起來探討一下這七個故事到底有多精采：

故事一、區域擴展

很多公司的簡報介紹中都會講這樣的故事，此時此刻

我們應該要關注的是「行業的特性」，這個行業的特性是不是允許行業內的公司進行跨區域的拓展，以及這個行業的競爭結構。並且關注公司是否具有擴展區域的潛力跟能力，公司的業務能不能開始複製，需要付出多大的成本代價。投資人應該關注公司需要哪些發展資源，確認公司是不是擁有這樣的資源。如果條件具足，那麼企業主說的應該就是個好故事。當然沒有發展資源也不見得是個壞故事，只是這個故事會比較驚心動魄而已。

故事二、創新技術

很多的技術創新跟研發都非常獨特，只是商業上講求的不是獨特，而是市場需求，市場有需求的新技術才是最適合的。市場上沒有最好的技術，只有最適合的技術，技術必須要實用，而不是華而不實，這樣才能帶來收益。

在這個人人都想一夕致富的科技時代，有大約七成的科技新創是完全沒有市場需求的空泛發想，他們為做而做，為發財而做，天天跟投資人講鬼故事，卻還是有投資人為此著迷。

創新的技術需要壁壘，如果是很簡單的技術或是巧思，那麼有資源的人肯定可以把故事說得更好。

故事三、製造轉零售

轉型可以帶來機會，但是轉型真的很艱難。這個關鍵

是觀察企業是否適合轉型，因為每個企業都有自己的組成基因，內部的管理層、管理結構、人力組成，到外部的通路、管道等等，再來是有很多很多「人」的因素。

IBM 轉型成功是經典故事，但經典案例不是真的這麼多，轉型的鬼故事更是多如牛毛，這點需要投資人廣泛地接觸了解，適當的觀察是必要的。

故事四、小公司大集團

商業市場上主要都是為了利益，大集團竟然願意為小公司出資，那麼一定有利益輸送關係，所以要關注他們的利益動機。

有很多的鬼故事提到，某知名公司要投入部分資金給他們，所以他們僅僅缺少最後一點資金。或是某知名公司看上他們要投資，但是需要他們先做出成績。

很多的相關故事不提，就問一個問題，如果你是能力非常足夠的投資人，要選擇投資時會幫忙只幫一半嗎？通常要選擇投資，就巴不得它做得更好不是嗎？

依照正常邏輯應該是「財團出手，湯都沒有」。如果有這樣的好故事通常也只說給集團聽的才是。當然也不是真的沒有這樣的機會，但是一般要遇到真的不容易。

故事五、政策推動

政府推動、政策補助、政府扶持等，這樣的故事總會

有些特點，政策的影響確實很大，但是政策來了，團隊是否準備好了，以及政策的影響會在什麼時候發生都非常重要。政府扶持的鬼故事聽多了會發現，政府的政策有沒有用在這家企業上很重要。政府對產業有補助，但是有沒有補助到這家企業，或是政府推動產業發展，但是故事卻沒告訴我們政策在幾年後實際執行，這些都需要投資人花時間停看聽。

事實上要靠政策推動發展的企業有很大的限制在，畢竟政府的政策只有在一個國家能夠落實，而資本家往往想要的是國際市場。政策不是萬靈丹，好的故事會回到基本面上，穩健的團隊再加上獲得政策加持才有意義。

故事六、新的市場領域

不同的國家有不同的文化，台灣的珍珠奶茶在印度失敗就是很好的案例，文化的差距不是一家小小的企業能夠改變的。要解決這個問題需要足夠多的市場調查與文化交流，並不是一個市場產品好就可以打全球市場。

投資人想要聽到好故事，就要確切地了解這個故事是不是有深入當地找故事的題材。比如：調查當地人的收入水平、生活習慣、宗教信仰、產業發展、當地法規等全面性的市調。如果這個故事都準備好了，那將是值得一聽的好故事。

故事七、新產品

新的產品因為新鮮比較容易打開市場，特別是公司已經有類似產品的成功案例。對於產品型的公司，行銷應該要放在首位，研發後面也要跟上。產品型的公司只要有通路跟管道，產品也能被大眾認可，基本上穩健成長不是什麼難事。

傳統產品也許不會有爆發性的成長，但未來的收入成長基本上可以看得出來。可惜的是，大多數的投資人都偏愛科技類企業的爆發力，而忽略了傳統產業至今的貢獻。新產品的好故事，就是能夠被市場接受的產品，創造出源源不絕的現金流。

常常在外尋找機會的投資人，一定都聽過上面七個故事，只要能夠掌握這些故事的關鍵要素，風險自然能夠大幅度降低，這也表示獲利的機率大大地提高了。

投資新創公司風險是真的很高，獲利的夢也真的很美好，事實上卻是「理想很豐滿，現實很骨感」。你抱持了再大的熱情，一次、兩次、三次地跌倒，你就會覺得自己受騙了，就算沒有覺得自己受騙，也會開始膽怯退縮。然後有大多數人會到處告訴人家這個不行，那個不行。其實不是事情不可行，而是他根本不懂那些成功的人做過多少

功課，又受過多少次傷才開始成功。

　　我們要相信一切都有可能，然後「理性」地去做投資決定，投資是理性的事情，判斷也是必須要有「邏輯」的行為，不要道聽塗說，要花時間去分析、去判斷，做一次對的決定。

　　資本家這條路真的很特別，成為資本家沒有捷徑，因為這條路本身就是捷徑。成為資本家沒有很多的通道，它就一條路，一條通到底的路，如果你走不完，那就根本沒有機會成為資本家。一旦你走完了，那就恭喜你，你將會是少數的資本家之一。

　　筆者想要把自己所做的事業分享給讀者，如果你不喜歡，你可以直接進入下個章節，如果你想真實地體驗看看，歡迎你找到我們。

　　本書前半段有提到筆者成立了一個俱樂部，俱樂部主要功能就是提供給大家股權投資的相關資訊，以及如何成為資本家的方式。有興趣的

加入獲得更多資訊！

朋友可以在臉書上搜尋「MBC 多元商」，或是掃描 QR Code，就可以找到我們並且參加我們所舉辦的股權講座。一般在參與過股權講座後，就能夠有條件地免費加入我們「財富俱樂部」。

　　這個俱樂部的形式源自於美國，投資俱樂部已經在美國發展一個多世紀之久，這一個多世紀以來有無數的投資俱樂部成立。但是成功的投資俱樂部都是堅持同樣的觀點，財富的累積是循序漸進的過程。

　　通過參與投資俱樂部的組織活動，大家可以學到豐富且有效的投資知識，幫助大家在投資的過程中獲得更好的收益，並且開始建立私人投資帳戶管理自己的投資。此外，多元化的投資組合也可以幫大家降低投資風險，以避免未來的不確定性。

　　俱樂部為財富資訊的通路，在這裡，沒有人會賣要裝你雞蛋的籃子，要做出任何投資都是你自己決定，沒有推銷、沒有販售，因為這裡是一個通路，是一個財富交流的中心，俱樂部最重要的工作不是銷售，而是為會員們開闢賺錢的通道，這才是投資俱樂部的意義所在。

　　你可以把俱樂部當成百貨公司，裡面有琳琅滿目的公司跟資訊，這裡的商品都是為了幫你賺錢而存在，雖然這些公司跟資訊經過了大量的篩選，但是風險還是需要由會員自行判斷。

　　很多投資資訊平常接觸不到沒有關係，俱樂部就是為了交流這些資訊而存在，只要你提供的資訊能夠經得起審核，俱樂部就歡迎你來與大家交流，而俱樂部本身也會為

大家尋找機會跟管道。

而我們也要把這個加入俱樂部的機會交給本書讀者，其實有很多的股權投資，是不需要承擔這麼大的風險，誠如本書前半段所說，投資已經營運十年的公司需要三年才上市，投資已經營運五十年的公司也需要三年才能上市。

股權投資中的天使投資確實在台灣不盛行，因為大家投資都想要低風險、想要穩定。有時卻忽略了自己的時間成本，也忽略了市場環境的變化，對高資產客戶來說，這些才是真正的風險。

相對於極高風險、極高報酬，我們更喜歡已經營運五年以上的公司，穩定性相對提高許多，投資成本也不會太高，獲利也在數十倍左右，這個範圍內就是我們主要的投資範圍。筆者不做投資建議，只簡單分享幾個案例給讀者們參考。

Show Case

故事一、金蓮記

在馬來西亞已經營運近百年的知名餐飲品牌「金蓮記」，該餐飲品牌交棒給第四代傳人數十年。其企業的企業主想要集團化經營，並且將公司發展上市，但是公司重

整需要資金以及團隊，於是便在已經有近百年基礎的情況下重新開始股權融資。

故事二、泰皇璽

馬來西亞最大泰式古方按摩集團「Thai Odyssey 泰皇璽」，單就馬來西亞就已經擁有超過六十家分店，並且進軍中國、泰國、柬埔寨市場。為了上市需要重新整併及建立新的團隊，於是開始進行股權融資。

故事三、ETNO

位於東歐波蘭本土的最大咖啡品牌「ETNO」，營運六年已經有十七家分店，從咖啡的工廠到門市都是自有，在未計劃上市之前，公司的市值已經達到一千兩百萬美元。為了要上市，開始規劃整併並且計劃進入亞洲市場，也著手進行股權融資。

故事四、Fashion Library

「Fashion Library」，一個經營女性產業鏈的集團，團隊由十名各領域的女性商業菁英組成，各自在行業內都擁有超過十年的經驗。當時才成立短短一年多就已經排進全球企業排名。

故事五、豐興物流集團

「豐興物流集團」，一家在東南亞打破傳統商業模式的物流公司，1995 年成立至今，甚至有商業銀行直接登

門拜訪希望幫公司上市。這樣的一家公司選擇規模更大之後再上市。

以上這些企業作為參考，就交給讀者們自己去衡量評估，如果這樣的企業投資是可以接受的，我們就歡迎身為讀者你成為我們俱樂部的一份子。

同樣用以上的企業做例子，如果這樣的企業其中四家你都能在初期持有價值五十萬的股權，四家共兩百萬，假設四年後只有兩家上市，上市增值十倍變為一千萬，平均年化報酬率為 125％。若四年後全部順利上市，上市增值十倍變為兩千萬，平均年化投報率為 250％。

若不將公司的股權賣出，每年持續領配息，兩千萬價值的股票一年領 2％ 至 5％ 股息，就是四十萬至一百萬的現金，最少都已經超過一個平均月薪三萬的上班族。

回過頭來看看，當初全部加起來四家也不過是投入兩百萬，幾年之後卻有這麼大的改變，這也是為什麼資本家會富有的原因了。

在這個競爭這麼激烈的環境下，與其辛苦創業，不如轉個念，幫助那些發展中國家裡面已經小有成就的企業，協助這些企業更加成長茁壯，讓投資獲得良好的回報，也讓自己搖成變為輕鬆賺錢的資本家，不知道聰明的讀者是

否也認為這是一個好方法呢？

　　下一個章節，筆者將會用更多的數字以及圖片幫助大家了解，我們平凡大眾到底如何能成為資本家。

Equity Investments

財富倍增的遊戲

5-1
資本的倍數增長

　　大多數公司發展到上市需要經過幾個階段，我們從共同創始階段，到天使投資、風險投資、私募基金、投資銀行，最後 IPO 達陣來看，基本上是六個階段，但是這只是基礎架構，在基礎架構下可以有很多的延伸跟調整。舉個例子：知名的叫車 APP「Uber」，公司未達成上市階段已經經過了二十二輪融資。你沒有看錯，這就是資本市場。不需要順利上市，前面的股東也能因此獲利，這裡大家看的是價值。

　　通過資本運作產生財富倍增，是投資人的全方位能力以及資源整合手段的運用，這點也表示擁有廣泛商業知識的投資人將會較具有優勢。

　　香港的著名商人，大家稱之為李超人的首富李嘉誠，投資區域涵蓋全球超過 56 個國家，業務範圍遍及各個產業領域，旗下的投資公司更是投資過早期的 Facebook、Skype、Airbnb 等數家世界級的知名企業，這樣龐大規模的資本與商業行為卻沒有被大多數的人所發現。也直接證

明資本市場在過往只有少數人能夠參與其中，以及資訊的落差並沒有消失。

資本運作的模式沒有被大多數的人發現，而財富倍增過程更是只有少數人和圈內人知道如何運用，但這些事情卻天天在我們身邊悄悄地發生。

這樣的知識價值連城，有錢的富豪因為安全的考量也不會到處炫耀自己的財富，因此大多數的企業上市不是依照這樣的方式去運行，甚至不知道有這樣的運作方式。

在國際市場上，只有使用資本運作的企業才能夠成為全球頂尖的企業。資本運作的過程，我們會使用到一項工具，稱之為「金融路線圖 Financial Road Map」。

一家沒有金融路線圖的公司喊說要上市，這個過程將會是災難，上市將會比中彩券還要難。但是一家有金融路線圖的公司，上市的可能性將會大幅度地提升。下面我們就從表 2 來看看所謂的金融路線是什麼樣子：

表 2　金融路線圖

資本運作階段	稀釋比例	融資金額	公司估值
創始 Founder			

共同創始 Co-Founder			
天使投資 Angel Investor			
風險投資 Venture Capital			
私募基金 Private Equity			
投資銀行 Investment Bank			
公司上市 Initial Public Offerings			

　　感覺起來真的是一個非常簡單的格式，而就是這樣一個簡單的格式就有機會可以幫助公司上市，感覺非常不可思議吧！

　　這個表格其實是需要從最後面一格往回填，因為一家企業要上市必須要先知道自己的上市目標，不是喊喊就上市了，所以我們要先確定目標在哪裡，才能夠往回推算企業需要經過哪些努力。這張表格用法一旦不正確，將會帶來無數的災難跟損失，這邊就僅以投資人的角度為讀者做介紹了。

以投資人的角度來看，我們只要知道企業主在介紹的過程中，數字是否合乎邏輯，就可以知道這家企業到底值不值得投資。

金融路線圖是一家公司要上市之前需要做的基本功，上一張表格是還沒有填進數字的情況，我們把它（表2）加進一些假設性數據來看看會變成什麼樣子（表3）：

表3　金融路線圖示範表

資本運作階段	稀釋比例	融資金額	公司估值
創始 Founder	——	——	——
共同創始 Co-Founder	10%	100 萬	1,000 萬
天使投資 Angel Investor	10%	250 萬	2500 萬
風險投資 Venture Capital	10%	600 萬	6,000 萬
私募基金 Private Equity	10%	1,500 萬	1 億 5,000 萬
投資銀行 Investment Bank	10%	4,000 萬	4 億

公司上市 Initial Public Offerings	20%	2 億	10 億

＊請注意這是假設性數據，為了避免遭到濫用，想要詳細了解的
讀者歡迎與筆者聯繫。

　　這張小小的表格提供的資訊量其實是極其龐大的，它
囊括了整個企業從現在到未來的整體營運，再次強調，我
們身為投資人不需要用企業的角度來看這張金融路線圖，
我們只要以投資人的身分簡單去了解它就可以了。

　　在投資之前，我們需要知道對於投資人非常重要的事
情，這關乎我們在做股權投資是不是一切屬實。

　　第一點，確認公司是否真的有向政府申請增資的融資
許可。

　　第二點，公司的財務系統是否符合某項上市會計準
則，比如 IFRS 國際會計準則，或是符合國家上市標準的
準則，如果沒有，企業想要在計畫時間內上市簡直比登天
還難。

　　以上這兩點，是我們在投資之前非常重要的兩大評估
重點，大多數的公司無法上市，都是因為不符合法令的規
定，但是遊戲規則早就全寫在公司法的法規條例上了。

　　回到我們的金融路線圖上，從上面表中我們可以看

到，從共同創始階段，公司稀釋了百分之十的股權去換取
100 萬的現金進入到公司內部。只要順利完成融資，百分
之十的價值就能確認為 100 萬，那麼百分之百的價值也就
是估值，將會來到 1,000 萬元整。

估值的概念就像是價值，被認可的價值就可以等於實
際價格。舉個例子：某拍賣會上日本威士忌起標價格 80
萬，最後拍賣成交價格是 900 萬，900 萬是客戶心目中的
「價值」，因為客戶認可了這個價值，所以有了 900 萬這
個成交的價格。

同理可證，若是投資人認同這間公司百分之百的價值
是 1,000 萬，那麼百分之十就是 100 萬。當有足夠的人認
可這個價值，也就能表示這個價格是合理的，所以投資人
願意投資。

投資人在取得新股股權與溢價股股權後就算是正式完
成了本次投資，融資完成的公司需要依照法律規定的後續
流程來進行程序。

公司獲得了資金，能夠在業務發展上順利地進行擴
張。企業的順利發展則會為企業帶來更高的企業價值，
因為有了更高的價值，所以投資人能夠透過價值的增長獲
益，這是一個非常正向的循環過程。

公司進入到了天使融資階段，需要開始尋找天使投資

人，如果天使投資人也順利地完成認股，對於上一輪的投資人而言，獲利就已經產生了。

假設讀者是（表3）上一輪共創階段的投資人，你投資了100萬獲取了百分之十的股權，企業這次也成功地完成天使融資，此時你就可以將上一輪的股權以現在的價格出售了。

同樣用表3來舉例：共同創始輪投資百分之十的股權是100萬，公司完成天使輪融資後的你擁有百分之九的股權。估值是2,500萬，2,500萬的百分之九，價值是225萬，而你可以把你的股權以225萬出售給任何人。

為什麼會變成百分之九呢？因為新的一輪融資稀釋，是所有人共同稀釋的，一間公司的股權比例永遠都只有百分之百，只要有新的融資進來，原有的股東都會被等比例稀釋。

表3的例子，百分之十被稀釋掉百分之十，也就是10%乘上0.9，得出來的答案就是百分之九。詳細的細節，大家只要知道會計師會幫大家完成就好，畢竟我們是要成為資本家而不是會計師。

一家公司的股權，只要是經過正確的融資稀釋，股東就不用擔心持股比例的問題，因為價值只會增長。舉個常見的例子：一間價值1,000萬的公司你可以持股百分之十，

跟價值 8,000 萬的公司但是你可以持股百分之三，公司的所有條件都一樣，只有持股比例的差異，你如果是股東，你希望獲得哪一個呢？

選百分之十，你的持股價值是 100 萬。選百分之三，你的持股價值是 240 萬。所以我們身為投資人應當注意的是「價值」而非比例，更高的價值能夠有更好的價格。通常會關注比例的人往往是因為要取得企業內部的權力，或是不理解價值的重要性。

透過表 3，投資人能清楚地推算出，我們原先 100 萬的投資，在下一輪融資後變成了 225 萬，總共增長了 2.25 倍。至於投資人要賣 225 萬還是 225 萬以上，就由投資人自己決定了，因為好的投資機會難求，管道也不常有，所以通路本身也是有價值的。

我相信讀者們可能聽過公司用每股多少錢去融資或是去賣股，這個方式也不是不行，只是大多數的公司都一知半解，很多的會計師也不是真的懂，所以流程都只有進行一半，造就了公司無法上市，或是股東糾紛等問題。

所以大家在尋找股權投資公司時，除了要找好的企業家、好的企業經營團隊跟好的企業體之外，也要注意，會計師也是企業團隊的一員，如果提供服務的會計師完全不了解公司如何上市，或是沒有相關經驗，都會增加投資的

潛在風險。

　　資本運作的增長過程中，財富的倍增是透過槓桿去運作。以企業良好的市場運作為前提，就能夠加進資本運用槓桿，真正的以小搏大。這是一個嚴謹、符合商業邏輯以及全球金融市場規範化的過程。

　　接下來我們來看看，這一百萬的投資，如果中間都不做轉售，真的跟隨這家企業（表3）用同樣的金融路線圖，在三、五年後公司順利上市，這筆投資會價值多少錢。相同地，我們在共創階段投入100萬，持有百分之十的股權，公司的估價是1,000萬。一直到這家公司上市百分之十會變成百分之五左右，我們簡單用百分之五計算，此時的公司估價是10億，百分之五就是5000萬。你沒有看錯，你的投資增長了整整50倍，而且公開發行可以自由交易了，也表示這筆投資是可以直接變現，這也是為什麼股權投資會被稱為「一級市場的掌上明珠」，如此驚人的投資報酬，看起來真的很不可思議，但是這確實是對一個股權投資人應有的回報。

　　股權投資人需要有智慧、有耐心、有毅力以及願意提供一點點的協助，並且願意等四、五年的時間，待公司上市後才獲得回報。若沒有獨到的眼光，沒有足夠的毅力不斷地從跌倒中爬起，如何能享受甜美的果實呢？

　　這 50 倍的投資回報，就算是五年才實現，平均一年也有 10 倍，聽起來有點不符合現實，我們來判斷一下這張金融路線圖是否符合現實。我們理性地推論，這樣的投資報酬率以及公司上市是不是真的有可能發生，一樣用同一張金融路線圖（表 3）來看。

　　首先，我們要找出公司上市的估值，10 億剛好是一個很容易的數字，我們反向來做沙盤推演。10 億是公司上市的價值，一般公司上市的本益比倍數平均是 20 倍，我們用 20 倍的平均數作為標準，所以先將 10 億這個數字除以本益比 20，得到的數字是 5,000 萬，這表示公司一年的淨利潤需要達到 5,000 萬這個數字才能夠上市。

　　接下來，我們要知道公司是經營什麼產業的，才能知道淨利率的比率。假設是餐飲業，我們用淨利率百分之二十來推估，要達成一年 5,000 萬的淨獲利，我們需要一年 2 億 5,000 萬的營收。

　　然後，我們再假設一間餐廳一年的營業額是 1,000 萬，而我們需要達到 2 億 5,000 萬的營業額，所以我們總共需要開 25 家同樣的餐廳，才能達到 2 億 5,000 萬這個數字，25 家餐廳並不是一個不可能達成的數字，對嗎？

　　那麼，我們再來看看一間餐廳一年營業額要達到 1,000 萬是否可行。一年 12 個月，1,000 萬除以 12，每個月約

需要 83 萬多，我們用每個月 84 萬營業額做計算，每天營業額只需要達到 28,000 元，一天營業額不用 3 萬，如果這家餐廳的客戶平均消費只有 200 塊，一天也僅需要服務 150 個客人就達標了。

從這張金融路線圖我們可以看到，這家餐飲公司只需要開 25 家分店，每家店的營業額一年平均都達到 1,000 萬，然後這 25 家餐廳每間每天都只要服務 150 個願意消費 200 塊的客戶，公司就可以以 10 億的估值順利上市了。

不管是美元、歐元、英鎊、人民幣、日幣或任何貨幣，金融路線圖全部都是相同的，計算完一次這個過程後，我們可以發現，上市這件事情其實並不困難，困難的是沒有相應的知識跟方法。

透過金融路線圖的反推與計算，企業可以把小小的一碗粥賣到上市，投資人也能知道企業到底能不能做到。這也是筆者為什麼會說這張小小的金融路線圖提供的資訊量很大的原因。

大多數的時候，人們總覺得 10 億是個很大的數字，但是大小是比較出來的，如果你擁有 1,000 億，你會覺得 10 億很大嗎？人們總是不自覺地為自己畫地自限，我們只要有方法，及有合理的方式去推斷，這些數字都能夠作為我們邏輯評估的計算工具。

　　計算出這張（表 3）金融路線圖的結果後，相信讀者也能很確切地去判斷出企業上市的邏輯是不是足夠合理了。一天要服務幾個客戶，要賣出多少單價多少的產品都是一個數據而已，100 萬變成 5,000 萬也只是這個增長過程中，一個合理的數字之一，50 倍的股權投資報酬對於有智慧、有眼光的投資人而言，只是一個合理的報酬數據，但這個數據卻可以成為你的真實財富。

　　如果數據邏輯都沒有任何問題也完全合理，剩下所需要的就是把公司發展到上市的企業主以及企業團隊了。因此，最終還是要回到「人」身上，這也是筆者再三地強調投資是投人的原因。

　　我們親眼見過，一個美國上市公司的產品代理到其他國家發展，同樣好的產品，同樣的品質，同樣的市場需求，唯一不同的只有經營的人與團隊，結果卻是天差地別，這個產品代理商融資後沒多久就消失了，優秀的產品反而變成作惡工具。

　　所以「人」才是關鍵，一個好的資本家，必須要知道如何找到好的企業經營者，讓好的人去賺錢，去回饋社會，才會形成正向的循環，創造出源源不絕的財富增長。

5-2

啟動財富的裂變

　　大多數的時候，人們聽到公司要融資的第一個反應，都是它可能缺錢或是沒錢，這只對了一半，公司確實可能缺錢，但缺的可能不是你想的沒有錢，而是想要用來賺錢的「錢」，也就是撬動市場的資本，這跟大多數人想的不一樣，大多數人想的是風險跟問題。而此時資本家會想的是有沒有機會，有沒有賺大錢的機會。

　　這點我們從上市公司就可以看得出來，很多上市公司的負債比率都很驚人，甚至超過一半的上市公司都負債。不是說借錢不好嗎？不是說不要欠人家錢？為什麼上市公司超過一半都負債呢？

　　「錢」只是工具，能夠用來賺進更多錢的工具，資本運作的過程中，就是為了要發展得更好才會出來融資，資本運作本身就是一個高效的財務槓桿，足夠的資本能把好的事情變得更壯大。不然我們換個角度想，為什麼賺錢的企業要把它的股權分給你？當然是為了能夠創造更多的資金效益與更大的槓桿才會做此決定。當然投資人還是要注

意，不是所有進行融資的企業主都是好人。

融資本身是能夠帶來經濟價值的事情，不然政府為什麼不禁止呢？所以融資本身不是壞事，壞的是多數人還沒有足夠的了解就直接下判斷。而這碰巧給了資本家更多的機會，因為沒有人跟他們這些有相應知識的人搶飯碗。

一家正在融資要往上市發展的公司，除了能更帶來迷人的數倍回報之外，還有一項也非常有魅力的報酬，就像是本書前面提到的這個問題：「你希望距離你家最近的那間便利商店賺的錢跟你有關係嗎？你希望你最喜歡的那家餐廳賺的錢有部份進到你口袋嗎？」

有人在幫你賺錢，你也不需要這麼辛苦地勞碌奔波，不需要承擔太多的責任與風險，財源就自然而然地滾滾而來，相信大多數人都希望自己的生活是這樣的。

其實這些事情可以不單單只是「希望」，每一件事情都有成真的可能性，一旦發生了就能成為我們真實的生活樣貌。你很清楚你只要做對決定就可以了，未來別人努力打拼的收入將會跟你有關係，多數人往往只是沒有踏出那一步而已。

資本運作為投資人帶來的不僅僅是可能的高倍數報酬，更能帶給投資人高確定性的持續回報，只要公司有獲利，企業主也願意讓利，投資人就更不需要為賺錢煩惱。

　　一家公司願不願意配息，要看企業主願意讓出多少利益，我們稱之為「紅利政策」。

　　舉個例子：一家每年淨利 1,000 萬的美式餐廳，紅利政策是 60％，也就是說這家美式餐廳賺進的 1,000 萬淨利，需要將 600 萬分配出來給所有股東，而所有股東會被分配到的金額就要依照股數來分配了。公司這邊分配下來，如果是每股配息 1 塊錢，股東如果持有 10 萬股那就會獲得 10 萬塊的配息，50 萬股就是 50 萬的配息。

　　股權投資的配息又與一般的股票大不相同，因為股權階段的配股配息是與前一篇提到的金融路線圖是息息相關的。簡單來說，就是你的配股配息會隨著公司融資階段而成長。

　　我們用同樣的金融路線圖（表 3）來做簡單的計算，與前面不同的是，我們這次用創始階段的持股來讓讀者快速了解這個過程。

　　同樣的路線圖（表 3），假設這次我們在創始階段入股該公司，持有該公司百分之十的股權，公司資本額 10 萬，股數也是 10 萬，百分之十是 1 萬，我們總共出了 1 萬塊的成本，持有 1 萬股股權，參與了這家公司的未來發展。

　　公司要開始建立團隊拓展自己的業務，因而需要更多

的資金與資源，開始了共創輪的融資。很幸運地，公司順利獲得了共創輪的 100 萬融資，估值來到 1,000 萬，新的股東也持有了百分之十的股權。

以下是這個段落的重點，透過公式計算，我們要讓新股東加入需要釋出新股 11,111.1 股（數量是透過原始股股權以及釋出新股的計算方式計算得出），所以新的投資人將會獲得 11,111.1 股的股數。

但是投資人共出資 100 萬元整只有拿到 11,111.1 股的股數又顯得數量太少，因此公司會進行我們所謂的 EGM（Extraordinary General Meeting；臨時股東大會），讓所有的股東決議是否要增發股票給大家，通常 EGM 都是一定會通過，等等讀者就會知道原因。

EGM 通過之後公司會發行新的溢價股，我們稱之為紅股，這筆共創輪的融資將會發行 988,888.9 股的紅股，這些紅股將會分為百分之十、百分之九、百分之八十一，共分為三份。百分之十是要給新的股東的，百分之九就是我們在創始階段持有的百分之十，被稀釋後剩下百分之九，最後的百分之八十一是一開始創始人的。

其他我們先不看，我們就來看看自己持有的百分之九股權會變成什麼樣子。988,888.9 乘上百分之九，一共會分配到 89,000 股，加上原先擁有的 1 萬股，總數將會變

為 99,000 股。此時可以發現，如果配息時每股都是配 1 塊錢，1 萬股變成 9 萬多將近 10 萬股，每年配息金額就會成長 9 倍多將近 10 倍。

另外，原先我們持有的股權價值也會倍數地翻漲，原先我們的持股價值是 1 萬股，價值是 1 萬元整。於融資完且 EGM 過後，我們的持股總數增長到了 99,000 股，依照公司的估值以及總股數我們可以得出每股價值，此時公司每股價值約 9.1 元，我們持有的股權價值大約會增長到 90 萬元，股權價值增長超過 90 倍。

透過以上計算出配息金額的成長以及股權的倍數增值，我們可以發現，股權投資與傳統投資的差異，一般的投資是建立在市場運作上，而市場運作發展是漸進式的發展；股權則是指數型的發展，我們用兩列數字（表 4）就可以簡單地表示這個過程。

表 4　股權投資與傳統投資比較表

	發展時間（0 到 N 年）									
傳統模式	0	1	2	3	4	5	6	7	8	9	……
資本模式	0	1	2	4	8	16	32	64	128	256	……

　　大家都知道公司發展賺錢的速度就是股東賺錢的速度，我們都已經身為投資人也是股東，既然都是股東，當然也都希望獲得更大的經濟效益，而透過這張表格我們可以發現，資本運作模式的經濟效益明顯大上許多。

　　下列為傳統市場運作圖表及資本市場運作圖：

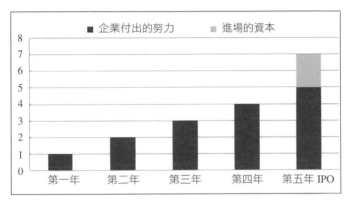

圖 1　傳統市場運作圖　（多元商製表）

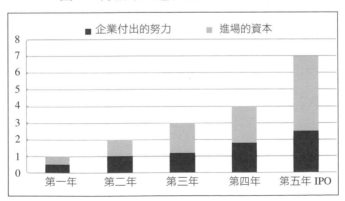

圖 2　資本市場運作圖　（多元商製表）

我們也可以透過（圖1）及（圖2）更清楚了解傳統模式與資本運作的差異。我們假設市場運作與資本運作都在第五年順利達成 IPO，來看看會有什麼不一樣的變化。

用圖 1、圖 2 左側的數字做比較，如果你持有的股數都是 10 萬股，你會希望股價是 6 塊還是 12 塊呢？

一般傳統企業多在將要上市的第五年才為了符合上市法令與規定開始融資，所以傳統企業大多數都只有在第五年才有新的股東進場，在沒有新的資本進場前，企業付出的努力是需要不斷提升才有可能創造更大的價值。

而在資本市場運作中，我們用與傳統企業相同的付出比例去看，有了資本的支撐，企業的成長將會比傳統企業更為快速，這是一個倍數成長的過程。

傳統企業將會越來越難追上資本企業的腳步，從而出現「紅皇后效應」，後進者怎麼追都追不上，很直接地提高了競爭壁壘，進而再次增加公司的價值，形成一個正向的循環。

能夠跨越這個壁壘的公司，基礎能力上都不會太差，於是就會吸引這些已經是行業巨頭的企業來談併購，當然有人願意有人不願意，只要有任何企業人願意被這些企業併購，這些行業巨頭就會繼續變得更大，變得更難以被超越。這也是為什麼了解資本運作的企業總是能有這麼穩固

的市場及驚人發展的原因。

　　配息的增長，股權價值的倍數，公司又能持續擴張，這才是良好財富增值裂變的過程。股東得利、企業順利發展、為社會帶來就業率的提升以及有價值的回饋，這些都是創造共贏的良善循環。

　　不過筆者要再次強調，風險是永遠存在的，股權投資作為一項資產配置確實是有極高的參考價值，不然富豪們的家族辦公室也不會配置超過兩成，這麼高比例的資產在股權投資上，但是永遠要記得沒有無風險的投資。

　　如果投資人的目標是要成為資本家，除了創造一個成功的國際型資本企業以外，就僅有股權投資這條路可以幫助人們成為資本家了。

　　與其他的投資標的相比，比如：股票或基金等二級市場上的金融商品，一級市場的股權投資絕對是擁有成本優勢。用年化報酬率5%的股票來看，每100萬的股票投資，每年可能有5萬塊的現金收入，如果每年要120萬的現金配息，則需要買進2,400萬的股票，才有可能一年獲得120萬的收入。

　　而你買進100萬的股權，就有可能在幾年之後獲得120萬的年配息。若你有2,400萬可以買股票，股權投資也會是不錯的選擇，我們用較低的兩成成功率參考，10

家企業需要支出 1,000 萬，獲利的兩家企業只要獲利達到 10 倍，就為你賺進 2,000 萬的數字，已經很接近你原來的 2,400 萬本金了。

以東南亞知名服飾品牌 MAX-TINO 轉投資的 Fashion Library 時尚女性產業鏈集團、營運 15 年且有超過 60 家門店的泰皇璽、接近 250 個員工的 ETNO 咖啡，或是擁有百年品牌——金蓮記的佳里集團為例，用這些已經有小成就的企業來作為參考，筆者相信成功率會超過七成。

我們可以從身邊的故事或是環境中獲得很多啟發，有些人一生勞碌卻一無所獲，而有些人並不忙碌甚至可以說是非常自由，卻還是財源滾滾而來。相信讀者生活中一定看過很忙碌的工作者，但是你看過很忙碌的資本家嗎？

股權投資和股票投資雖然都有個「股」字，但兩者獲取收益的方式差異卻很大。股權投資看的是人以及企業高速成長的潛力，所以往往都需要一點時間的累積才能獲得較高的收益。

股權投資的資金是進入到該間企業，你可以想像成你買了一幅畫，這幅畫是畢卡索的還是大賣場的就要看你的眼光了。眼光對了，這幅畫的價值可以賣出數億美元的驚人價格；眼光偏了，就有可能買到一幅大賣場的複製畫，其中的價值不用多做贅述。

　　大多數的人都知道長期投資能賺錢，但是卻很少人願意慢慢變有錢，於是就陷入了缺錢的惡性循環。

　　賺錢不難，難的是用錯方法走錯路卻不自知。

5-3
財富裂變的實踐

2017 年，有一幅畫以超過 4.5 億美元的天價賣出，這幅畫是義大利文藝復興時期的大師達文西，其留在公開市場的最後一幅畫作，畫名為《救世主》。

這個價格看起來真的很不可思議，但是在這些收藏家的眼中是認同這個價值的。這件事情讓我們知道，只要這項事物的價值在其他人心中被判定是值得的，那麼這項事物的價格就是真實存在。

名畫、名酒甚至一些珍稀的收藏品都有人認同其價值，也因此有數倍的價格增長空間。其實股權也是相同的道理，差別在於，對投資人來說，股權會有盈餘分紅。而名畫、名酒、跑車這些則是每年都要付費去維護。

財富的裂變就是這樣的一個過程，買入，然後等待增值的過程。而這個過程是否能加以運用呢？當然答案是肯定的。

新加坡政府為什麼這麼富有？知名投資公司淡馬錫（Temasek Holdings Private Limited）是新加坡政府的全資

投資公司，2018年淡馬錫的資產價值攀升至2,270億美元。香港首富李嘉誠旗下的企業之一屈臣氏，也有淡馬錫的入股，持股一度高達百分之二十五。

淡馬錫掌握了新加坡的新加坡電信、新加坡航空、星展銀行、新加坡地鐵、新加坡港口、海皇航運、新加坡電力、吉寶集團萊佛士飯店等大型公司的股權，淡馬錫在國際上也投資了香港、中國、日本、韓國，甚至台灣的金融行業。一家投資公司做了正確的財富裂變就可以擁有這麼大的投資規模。

而新加坡政府不是只有淡馬錫一家投資公司，GIC 不動產投資有限公司（GIC Real Estate Pte Ltd），主要投資不動產，是全球最大的地產公司之一。GIC 特殊投資有限公司（GIC Special Investments Pte Ltd），主要投資的範疇就是本書介紹的股權投資以及企業重組等。

GIC 管理的資產規模超過 300 億美元，投資遍布 30 多個國家，超過 2,000 家上市、未上市公司，在北美、歐洲、亞洲及東南亞都有 GIC 的投資身影。

透過這些資訊我們可以清楚地知道，為什麼新加坡國土這麼小但政府卻這麼富有，原因非常簡單，新加坡政府正是以資本家的身分來進行投資布局，所以即便所處的環境窮困，能夠開採的天然資源稀少，但是還是能夠走出自

己的路。

新加坡有效運用世界的資源為自己的國家賺進世界的財富，讓全世界的財富流進自己的國家，甚至還成為了亞洲的金融中心。

一般的房地產投資過程，是買入後做等待，頂多就是出租或交給物業管理公司增加收入，然後等待房地產增值的時機，當房地產增值時，又可以有更大的空間可以運用槓桿投資。

股權投資也是相同的，每年分紅會創造出年度現金流，股權的價值也有機會增長。不同的是，股權的靈活性以及潛力是更加可觀的，透過前面新加坡的投資公司介紹，我們就可以發現，天然資源貧乏根本不是窮困的原因，真正造成窮困的原因在於不懂得變通。

而觀察猶太人可以發現，猶太人利用他們的智慧，精耕細作，實現了持續的財富裂變，我們從猶太人的知識中可以得到很多啟發，可以找到值得借鑒的觀念、方法，結合自身的實際情況去判斷、分析和操作。

資本市場是利用市場的特性，去透過資本本身的技巧性與靈活性產生的科學運作，以實現價值的增長以及效益的放大，這是一種較為靈活的邏輯操作方式。

簡單來說，資本營運是以實現利潤極大化以及資本增

值為目的的過程，將企業的各類型資本不斷地與其他企業進行流動與重組，實現優化配置動態重組，以達到企業自有資本不斷增加這一個最大的目標，實現更極致的經濟效益。

舉知名企業可口可樂為例，大家耳熟能詳的雪碧、芬達、美粒果、飛想茶、原萃、水森活等等知名飲料品牌，其實它們都是可口可樂家族旗下的飲料品牌。

為什麼可口可樂可以研發這麼多產品？不，可口可樂並沒有獨自研發這麼多的產品，目前可口可樂公司擁有超過 3,500 支產品，如果我們一天平均喝一瓶可口可樂的飲料產品，我們要花十年的時間才能喝完它全部的產品。擁有這樣驚人的產品數量，原因非常簡單：「可口可樂的商業模式就是一種只會越來越強的資本運作。」

今天一旦有新的產品問世，且具有成長潛力，有可能會分食掉一點點可口可樂的市場，可口可樂就會「買下它」或是「入股它」。買下這家生產飲料的公司後，可口可樂願意分享它的市場以及資源，幫助它更加賺錢以切入更多市場。

因此，可口可樂只會有越來越多的產品，以及越來越廣泛的市場，無論消費者消費什麼產品，都有可能跟可口可樂公司有關。也因此，這個世界級的飲料品牌巨頭只會

越來越巨大，而且越來越難被超越。

同理可證，我們把可口可樂的案例移到我們投資人身上來，我們是否也能進行這樣的投資配置以及投資規劃呢？答案同樣是肯定的。

如果我們能夠確定未來的目標是過上財源滾滾的退休生活，我們就更應該用這樣子的結果去做現在的規劃，然後付諸行動。要成為一個資本家，就更該是如此。

資本的核心是創造價值，把這個價值透過資本槓桿放大，進入更大的市場、更廣闊的計畫之中。股權投資也正是因為這些價值才因此長久存在，累積的時間一長，你會擁有的收入不只是巷口的便利商店、最常去的那間餐廳，還有可能是某間知名酒店、某家旅館，或是服飾店，甚至有可能是遊樂園。

這些都需要透過時間的累積才會發生，可口可樂也不是一朝一夕之間就變成現在這個規模。但是我們知道，只要我們開始進行就會有機會得到這樣的結果，我們已經知道路徑在哪裡，只要設定好目標，就可以開始前進。

資本營運是一個健全企業的體系，其中看不見的是模式，依靠資本運作去賺回更多資本，通過裂變可以把財富變得更大、更具規模。如果企業有足夠的資本可以走進更高的層面，走進更大的舞台，就有更大的發展空間去伸

展。這樣的好處對投資人來講不言而喻，我們都知道一個邁向國際的企業有多大的潛力，而投資人的神聖使命，就是幫助這些企業有足夠的資源走進國際舞台。

股權投資要賺錢獲利並不困難，相反地，其實非常容易。大多數人做不到的原因僅只是因為對自我的要求跟自制力不足而已。「投資沒有專家，只有輸家跟贏家。」這些贏家都是數學很厲害或是微積分很厲害嗎？這段話跟股神華倫‧巴菲特所說的幾句話有異曲同工之妙。

股神巴菲特說：「幾乎在任何行業領域中，專業人員取得的成就能夠明顯高於門外漢，但是在金錢的投資管理上往往並非如此」、「投資並不是一個智商 160 的人就一定能擊敗智商 130 的人的遊戲」。

而事實證明也正是這麼一回事，我們可以從許多成功案例中發現，大多數依靠投資賺錢的都不是很會記帳的會計師，也不是數理能力很強的數學老師，更不是那些幫高資產客戶做財務規劃的理財專員。成功的投資人往往是那些自律能力很強的人。

真正的投資還是要強調知識的準備跟邏輯能力的提升，金融市場不是大自然的產物，它完全是我們人類一手創造出來的系統，這套系統完全符合人性，因為它出自人類之手。遊戲規則全部都是人訂的，從中我們可以發現，

這一切都有人類既存的知識、思想、思維邏輯在其中,這是一個由人們掌握的市場,我們稱之為「完美市場」,因為它完美地符合人性。由此可見,同樣身為人的我們也能夠參與這場遊戲。更準確來說,我們從一出生就開始參與了這場由其他人制定遊戲規則的遊戲,只是我們不了解遊戲規則,所以只能無知地盲從。我們無法改變市場,但現在我們可以改變自我的生活行為,去參與這場遊戲,一場能夠贏的遊戲。

Appendix

Equity Investments

附錄

附錄 1

後記

　　2018 年的十月，MBC 多元商在獲得華人第一品牌後，又陸續接受了中國時報、UND 聯合新聞網以及三立新聞等媒體的採訪。當時的我們只是一個擁有近百會員的財富俱樂部，只是因為我們設下了門檻，訂下了遊戲規則，於是大家開始好奇是一個什麼樣的單位會要求客戶要提供財力證明，然後才能入會接受服務。而俱樂部居然沒有銷售人員，僅有介紹的講師跟團隊，介紹完各類型的公司以及講解完股權投資之後，會員們就只能憑自己的判斷去決定了，也因此曾有會員笑說：「因為他們不銷售，所以介紹完之後就沒有人理我了。」

　　筆者不覺得自己很特別，因為我們自己就是投資人，能夠很清楚投資人想要的是什麼，我們所建立出來的團隊也是如此，沒有人喜歡被推銷，秉持著大家都是投資人的精神，所以我們很清楚投資人應該要自己下判斷與決定，自己想要的項目應該要自己挑，有問題就問，沒問題又可以信任才做出投資決定。投資不應該是因為人情或是被銷

售，這樣的投資是不對的，除非你有錢到覺得沒關係，覺得只是眾多資產的資產配置而已。

我們也從不包裝，也老是有新的會員問我們到底有沒有賺錢？我們只是告訴他們，我們也是投資人，不需要包裝成好像賺很多錢的模樣來銷售。有趣的是，大多數人卻老追著那些包裝得衣裝筆挺、名牌名車的吸金集團跑。

我們是教財商出身的，花在裝潢跟包裝的錢可以讓我們做更多的投資，所以我們不會過得太奢侈，只是偶爾出國享受而已。你是喜歡樸實隨和的正當投資，還是喜歡裝闊炫富的吸金集團？答案當然是由你自己做選擇了。

如果你有興趣更加了解股權投資的相關資訊，歡迎你進到我們的圈子親眼看看，這是我們的 QR Code，期待讀者們有一天都能夠成為為社會付出心力的資本家。

加入獲得更多資訊！

附錄 2
一分鐘掌握股權

1. Value vs. Price

我們可以從一個例子來看：一幅畫的成本可能都一樣，包含像是紙、筆、畫框等項目。不過，卻創造出不同的價值，一幅大賣場的壁畫「價格」可能是數百到數千美元；但畢卡索的名畫卻「價值」數億甚至數十億美元。

價值是人喊的，就像拍賣一樣，用喊的有溢價；價格是人訂的，就像賣場一樣，標示的是售價。兩者最後創造的經濟效益完全不同。

> 股票投資看的只是價格，股權投資看的卻是價值，兩者有著截然不同的經濟效益。

投資股權的資金是進入到公司，提供公司作為發展使用；而投資股票的資金進到了其他人的口袋，有人贏錢，也有人輸錢。股權創造「價值」，所以產生共贏的經濟效益；股票則是創造了零和遊戲，所以無法讓大家都賺錢。

投資股權是製造股票，投資股票僅創造交易。

2. 合法印鈔術

　　IFRS 是全球性會計準則，只要符合它的規範，你就能在全世界合法印股（鈔）票。而在股票市場中買股票不可能印出股票，只有買股權才能印出股票。

印鈔票是違法的，印股票絕對合法。

3. 倍數獲利

　　一個新生兒到長大成人，發展的潛力非常巨大，機遇無窮；一個已經 IPO 的老年人，行動緩慢處處受限，成長有限。舉個例子：一家餐飲公司發展到 100 間店的規模時，可以上市，那麼未上市股票則可假設是 80 家店。當新生企業從一間店發展到 50 間店，成長是 50 倍，成長率約是 5000％。未上市股票從 80 家店發展到 100 家店，成長率僅有 25％。我們要銘記在心的是股權不是未上市股票，

股權是陪企業成長。

　　一間餐廳發展成了兩間餐廳，成長了一倍，100％；一百間餐廳發展成一百零一家，成長百分之一，1％，成長潛力就是獲利空間。

　　股權的標準獲利是倍數，股票是趴數。

附錄 3

如何選擇股權投資

　　大部分的股權投資都是以私募股權基金的形式作為媒介，私募（Private Placement）通常是指從少量特定投資者那裡募集資金。相對於公募（Public Offering），雖然資金來源的投資者較少，但也可以免除許多的監管限制。廣義上來說只要不是對廣大的群眾募資，都算是私募的形式，包括一般的投資公司、風險投資（Venture Capital，VC）、集中管理的基金等類型，都算是私募基金。

　　但是基金通常都要透過金融機構來介紹與銷售，也因此金融機構作為通路商會收取很高比例的費用，最後到投資人手上的獲利就會大打折扣。資金是由我們投資人提供，但談判籌碼卻幾乎都握在金融機構手中，因為這樣金融機構才有足夠的獲利，這是不爭的事實。

　　而一般私募股權基金，只有在您帳戶存款超過一百萬美元時，才有機會透過金融機構接觸到這方面的資訊。因為對金融機構而言，小額資產的客戶在股權市場裡管理起來很複雜，獲利又少，所以乾脆就不投入太多資源。而有

錢人買基金也是需要申購手續費、申購費、申購管理費、獲利分紅等各種名目的費用，這樣的收入，金融機構當然要賺，而且又不需要承擔虧損，簡直是穩贏的遊戲。

事實上，「私募股權」跟「基金」兩件事情本來就是分開的，只是因為資訊的落差太大，一般民眾又無法觸及私募股權這樣的資訊，才會讓大家以為私募股權都是以基金的形式存在。我們認為大家都有權利也有義務為自己取得正確的資訊，俱樂部就是透過不收費的資訊傳遞，為大家直接帶來私募股權。

平常每個人直接能接觸到的都是私募股權基金，在市場上尋找的股權投資標的。基金的好處是風險較低，但是相對地，獲利也攤平了。加上缺點是申購成本太高，還沒有賺取利潤就被剝了好幾層皮。直接投資私募股權的好處是獲利高上許多，而且申購成本非常低，缺點是風險相對比較高。舉個例子讓大家比較看看：

Show Case

假設小王、大明各有三千萬的資產。小王一次性地投入私募股權基金，依照市場上客戶的年平均報酬來看，普遍落在 6% 上下，也就是一百八十萬，然後再扣除一些費

用，大約剩一百五十萬左右，實際到手的報酬是 4.5％。大明因為覺得手續費太高，因此選擇自己投資五個私募股權標的，每個標的平均投入六百萬，最後只有三個項目成功退出，三個標的獲利平均是 200％，獲利共三千六百萬，扣除本金後獲利是六百萬，也就是 20％，不用再被扣除費用，實際到手就是 20％。

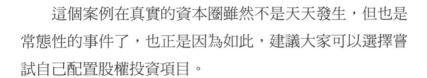

　　這個案例在真實的資本圈雖然不是天天發生，但也是常態性的事件了，也正是因為如此，建議大家可以選擇嘗試自己配置股權投資項目。

附錄 4
股神的股權投資

　　股神華倫‧巴菲特在股東信曾多次提到股權，在此分享一些內容給讀者們參考。

Show Case

　　我已多次向您介紹了 HomeServices，也就是我們不斷增長的房地產經紀業務。波克夏在 2000 年通過收購 MidAmerican Energy（現稱為波克夏‧海瑟威能源公司）的多數股權進入該領域。當時 MidAmerican 主要經營範圍是電力領域，而我最初也很少關注 HomeServices。但是，該公司每年都增加經紀人，到 2016 年底 HomeServices 已擁有美國第二大的經紀業務部門，儘管如此它仍遠遠落後於領導者 Realogy。然而，在 2017 年 HomeServices 出現爆炸式增長。我們收購了業內第三大營運商 Long 和 Foster，以及 Houlihan Lawrence 和 Gloria Nilson。

前段是股神華倫·巴菲特在 2018 年股東信中提到的內容，他在 2000 年收購了 MidAmerican Energy 的多數股權，然後進入到這個行業領域。該公司並非上市公司，但巴菲特卻選擇將資金投入這家公司。這樣的案例在巴菲特的投資生涯中多不勝數，HomeServices 就是另外一個案例，這些例子都不是上市股票，而是公司的股權，巴菲特透過購入這些穩健企業的股權，獲得了更多驚人的投資報酬，這才是巴菲特真正的獲利事實。

我們過去的經驗顯示，一家好公司部份所有權的價格，常常要比協議談判買下整家要來得便宜許多，也因此想要擁有價廉物美的企業所有權，直接併購的方式往往不可得，還不如透過間接擁有股權的方式來達到目的。當價格合理，我們很願意在某些特定的公司上持有大量的股權，這樣做不是希望取得控制權，也不是為了將來再轉賣或是進行併購，而是期望企業本身能有好的表現，進而轉化成企業長期的價值以及豐厚的股利收入。不論是少數股權或是多數股權皆是如此。

投資股權的選擇方式與買進整家企業的模式很相近，挑選企業的條件必須是：

(1)我們可以了解的行業。

(2)具有長期競爭力。

⑶由才德兼具的人士所經營。

⑷吸引人的價格。

以下則是從巴菲特數十年來的股東信中整理出的內容，大家可以透過這些事實來驗證巴菲特擁有更多的股權投資，這項很少人關注的重點。

Show Case

我們從來不試著去買進一些短期股價預期有所表現的股票。事實上，如果其企業的表現符合我們的預期，我們反而希望他們的股價不要太高，如此我們才有機會以更理想的價格買進更多的股權。

若被投資公司將其所賺的盈餘用於回購自家股票，我們通常會報以熱烈的掌聲。理由很簡單：若一家好公司其股票價格遠低於其內在價值，還有什麼投資會比前者來得更穩當、更有賺頭、更能促進原有股東權益的呢？企業併購的競爭性通常使得併購整家公司的實際價格高於取得企業的實際價值；而股票市場的拍賣性質，往往可以讓我們以相對低廉的價格取得一家公司的部分股權。

我們寧願以 X 的單價買下一家好公司 10％的股權，而非以 2X 的單價買下這家好公司 100％的股權。但大部

244

分的公司經營階層偏好後者，他們多以「規模」而非「獲利」，作為衡量自己或別人的標準，問問那些名列《財富》500大企業的負責人，他們可能從來不知道他們的公司若以獲利能力來排的話，會落在第幾位。

　　我們投資部份股權的作法，唯有當我們可以以合理的價格買到吸引人的企業時，才行得通。同時也需要溫和的股票市場作配合，而市場就像老天爺一樣，幫助那些自己幫助自己的人，但與老天爺不一樣的地方是它不會原諒那些不知道自己在做什麼的人。對投資人來說，買進的價格太高將抵銷這家績優企業未來十年亮麗的發展所帶來的效應。所以當股票市場漲到一定的程度，將使我們有效地運用資金買進部份股權的能力大打折扣或甚至完全消失。這種情況會定期發生，就在十年前當股市到達狂熱的高檔時（由於高股東權益報酬股被機構投資人捧上天），波克夏的保險子公司（不包括在 Blue Chip Stamps 部份）僅僅持有1800萬市值的股票（相較於現在的80％），僅佔保險公司投資總額的15％，在1972年的當時有跟現在一樣多的好公司，但他們當時的股價實在有點離譜。雖然股價高漲對公司短期的表現有所幫助，但就長期而言卻反而會影響企業的前景。

　　我們實在看不出買下並控制一家企業或是購買部份股

權有什麼基本上的差異，每次我們都試著買進一些長期看好的公司，我們的目標是以合理的價格買到績優的企業，而不是以便宜的價格買進平庸的公司，查理跟我發現買到貨真價實的東西才是我們真正應該做的。

雖然評估股權投資的數學計算式並不難，但是即使是一個經驗老道、聰明過人的分析師，在估計未來年度票息時也很容易發生錯誤。在波克夏我們試圖以兩種方法來解決這個問題，首先我們試著堅守在我們自認為了解的產業之上，這表示他們本身通常相當簡單且穩定，如果企業很複雜而產業環境也一直在變，我們實在是沒有足夠的聰明才智去預測其未來的現金流量。碰巧的是，這個缺點一點也不會讓我們感到困擾，就投資而言，人們應該注意的，不是他到底知道多少，而是應該注意自己到底有多少是不知道的，投資人不需要花太多時間去做對的事，只要他能夠盡量避免去犯重大的錯誤。

母公司是不會單純因為價格因素就將自己旗下最優秀的子公司給賣掉，公司總裁一定會問，為什麼要把我皇冠上的珠寶給變賣掉？不過當場景轉換到其個人的投資組合時，他卻又會毫不猶豫地從這家公司換到另一家公司，靠的不過是股票經紀人膚淺的幾句話語，其中最爛的一句當屬「你不會因為獲利而破產」。你能想像得出一家公司的

總裁會用類似的話語建議董事會將最有潛力的子公司給賣掉嗎？就我個人的觀點，適用於企業經營的原則也同樣適用於股票投資，投資人在持有一家公司的股票所展現的韌性，應當與一家公司的老闆持有公司全部的股權一樣。

　　身為一位投資人，大家其實只要以合理的價格買進一些很容易了解且其盈餘在未來五到十年內會大幅成長的企業的部份股權。一段時間下來，會發現只有少數幾家公司符合這樣的標準，所以要是你真的找到這樣的公司，那就一定要買進足夠份量的股權，在這期間，你必須盡量避免自己受到外界誘惑而偏離這個準則。如果你不打算持有一家公司股份十年以上，那最好連十分鐘都不要擁有它。

　　過去波克夏併購公司常用股權交換，而未來將會更喜歡用現金，因為波克夏本身是一家好公司，用一家優秀公司的股權去換另一家公司股權不見得划算，除非波克夏當時的股價非常高。如果無法掌握控制權，我們也樂意通過股票市場，購買一個大公司的小部分股權。這就好比擁有「希望之鑽」（Hope Diamond，世界名鑽）的一部分權益也勝過擁有整顆「萊茵石」（一種人造鑽石）。

　　透過股神巴菲特的股東信內容，我們可以知道：
　　⑴優良企業的股權擁有的價值值得投資人長期持有。

⑵能夠以更低價格買進股權時就值得出手。

⑶投資前應該要找到好的公司。

⑷好的公司值得大量買進。

⑸股權投資應該看重的是價值，而非價格。

⑹買進的比例不重要，重要的是這間公司是否具有未
　來發展性的價值。

　股權投資還有更多值得我們深入了解的智慧，透過本
書，股權投資將不再是有錢人才能玩的遊戲。

附錄 5

股權投資的歷史

　　私募股權從商業社會建立以來就已經存在於市場上，我們可以將私募股權投資的發展分為幾個階段：基金的萌芽、早期的股權投資、槓桿收購、1980 年時期、1990 年時期、2000 年時期、私募股權整體現況。

1. 基金的萌芽

　　1924 年，哈佛大學的幾位教授組成的麻薩諸塞投資信託金融服務公司（MIT），創立世界上第一支共同基金，目前這支長壽的基金仍在運作。

　　1945 年，阿爾弗雷德·瓊斯（Alfred W.Jones）設立了第一支對沖基金，這支對沖基金奠定了現代私募股權和對沖基金的商業模式，即有限合夥人投入資金，基金管理人投入智慧資本，超額收益以 80：20 的比例進行分配，績效分配的比例也一直保留至今。但上述這兩支基金都還不屬於真正的私募股權。

2. 早期的私募股權

　　1946 年，哈佛大學校長喬治‧多里奧特（Georges Doriot）創立了美國研究發展公司（ADRC），這是多數人公認全球最早的創投基金（VC），是世界上最早的私募股權投資機構。喬治‧多里奧特因此被稱為「創業投資之父（VC 之父）」。美國研究發展公司的作法是向富人籌資，並投資於退伍士兵創立的企業，這支基金後來獲得了豐厚的回報。美國研究發展公司最著名的投資是培育了數字設備公司（DEC），並在 11 年內獲得 527.5 倍的收益。1957 年，美國研究發展公司向 DEC 投資了 7 萬美元，當後者於 1968 年上市時，這筆投資價值 3.55 億美元，年化報酬率達 101％。在 1972 年多里奧特退休之前，美國研究發展公司一共投資了 150 多家創業公司。

　　從 1960 年代以來，私募股權基金借鑒了對沖基金的商業架構，並不斷在實踐中完善。在這一時期，由基金管理公司發起設立有限合夥企業（即基金），投資者作為有限合夥人參與投資的模式逐漸成為主流的私募股權基金結構。從對沖基金業借鑒來的管理費（Management Fee）加業績報酬（Garry Interest）的利潤分配模式也得到了投資者的認可。

　　另外，1960 年代開始，創投基金（VC）被冠以高科

技投資機構的概念。這是因為這一時期創投基金主要投資
於電子、生物等高科技產業的創業企業，但實際上這種印
象並不完全正確。創投基金關注的是企業的高成長性，也
就是獲利的潛在能力，聯邦快遞就是這一時期創業投資
（VC）的成功案例。

　　1970 年代創業投資（VC）伴隨著矽谷興起，開始引
起眾人的注目。加州門羅帕克的沙山路（Sand Hill Road）
是著名的私募股權基金管理公司聚集地。1973 年，美國
創投協會（NVCA）也在這裡成立。在這一時期，矽谷的
創投基金支持了大量的半導體及電腦公司，並以蘋果電腦
的上市達到巔峰。

　　1980 年 12 月，蘋果電腦公司首次公開以 22 美元一
股的價格發行 460 萬股，並在幾分鐘之內被搶購一空。直
到今天，蘋果電腦公司仍然是世界上市值最高的公司，亞
馬遜緊追在後。

3. 槓桿收購

　　全球最早的槓桿收購可能是貨櫃之父馬爾科姆・麥克
連（Malcom Purcell Mclean）對沃特曼輪船公司和泛大西
洋輪船公司的收購。麥克連設立了一家控股公司並運用槓
桿來構建他的運輸王國。1955 年 5 月，麥克連以 4900 萬

美元的價格收購了沃特曼輪船公司，其中的 4,200 萬美元是借資來的。收購完成後，麥克連通過出售沃特曼公司的部分資產償還了 2,000 萬美元的債務，並以發放紅利的方式收回了 2,500 萬美元。這樣，麥克連只花費了 700 萬美元，就得到了沃特曼輪船公司 100％的股權。

槓桿收購作為一種商業模式在 1970 年代開始在金融圈內嶄露頭角，KKR 是這一領域最著名的公司。槓桿收購的優勢在於債務利息可以在稅前扣除，因而成本低於股權資本。1970 年代，恰逢美國二戰後的創業者退休的高峰期，大量創業者由於後繼無人，往往向私人投資公司出售其股權，因而促進了這一行業的發展。

槓桿收購中的管理層收購（Management Buyouts，MBO）也出現於 1970 年代。這種收購的典型模式是企業管理團隊通過和外部投資者（主要是 PE）合作，以槓桿收購的模式向母公司或股東買斷企業，經營一段時間以後以上市或出售部分股權的方式套現。哈雷摩托是管理層收購的典型案例。

4. 1980 年時期

1978 年，美國勞工部放寬對養老金投資的限制，使得美國的養老金可以投資私募股權。1981 年，雷根（Ronald

Wilson Reagan）總統當選後推出的減稅法案將美國的資本增值稅率下調至 20％，使得私募股權投資人的實際稅負大幅下降。監管和稅收方面的這兩項變化，造就了隨後私募股權的輝煌時代。槓桿收購在 1980 年代達到了前所未有的高度。

1960 年代，美國企業風行的是多角化的經營模式。到了 1980 年代，多角化經營被證明是效率低下的代名詞。1981 年，傑克·威爾許出任奇異電氣總裁之後，將威爾許 350 個經營單位裁併為 13 個主要業務部門，並賣掉了大量邊緣業務，其中許多業務被私募股權基金收購。不少多角化公司在 1980 年代土崩瓦解，為私募股權的茁壯成長提供了肥沃的土壤。

1982 年 1 月，以美國前財政部長威廉·西蒙為首的投資者以 8000 萬美元買下了吉布森賀卡公司，其中投資者投入的股本僅為 100 萬美元。16 個月之後，吉布森賀卡公司上市，按發行價格計算的市值為 2.9 億美元。在扣除掉各項費用之後，僅威廉·西蒙個人就獲得了 6600 萬美元的收益。吉布森收購案的曝光吸引了不少投資者進入這一領域，著名的貝恩資本（Bain Capital，1984）、黑石集團（The Blackstone Group，1985）、凱雷集團（The Carlyle Group，1987）都成立於這一時期。

　　這一時期還催生了一批著名的「企業襲擊者」。他們藉助垃圾債券收購企業股權，獲得企業控制權後採取裁員或出售企業資產的方式提升企業收益。其中比較著名的案例有卡爾・伊坎（Carl Icahn）對 TWA 航空公司的收購和皮肯斯（T. Pickens）對優尼科石油公司的收購。

　　德崇證券提供的垃圾債券融資是這些企業襲擊者所依賴的彈藥。1989 年，美國國會通過了《金融機構復興法案》，該法案禁止借貸協會等存款機構投資垃圾債券。德崇證券破產，垃圾債券之王麥可・米爾肯入獄。沒有了垃圾債券的支持，槓桿收購的黃金時代在頂峰戛然而止。

5. 1990 年時期

　　1994 年，網景公司（Netscape）開發出第一個圖形界面的網路瀏覽器，拉開了新時代的序幕。

　　1995 年，網景公司上市，其股價在上市首日暴漲了 5 倍。網景的成功吸引了大量創投基金（VC）進入網際網路行業。從 1995 年至 2000 年，不計其數的網路公司得到了風險投資，但絕大多數以倒閉收場，只有少數存活下來，其中包括亞馬遜、美國線上、eBay 等。中國的網路三大巨頭——新浪、搜狐和網易也是在這一時期借助美國創投基金的支持發展起來。而正是在此階段的發展，「風

險投資」這一概念才真正進入到中國；也是風險投資進入中國，才讓中國開始爆發性成長。

　　網路公司的邏輯在於：通過邊際成本幾乎為零的網路擴張壟斷特定的商業領域，由此創造商業價值。但在支付、配送和交易平台缺失的時代背景下，這種商業模式幾乎不可能盈利。實際上，這些新興公司絕大多數沒有明確的盈利模式。比如中國當時三大門戶網站的典型運作模式是：在傳統媒體（報紙和電視）上打廣告，以吸引客戶在其網站上打廣告。收入的高成長性掩蓋了燒錢的本質，上市套現是這一時期創投業的主旋律。

　　在這樣一種市場氛圍下，那斯達克的市場行情也水漲船高，從 1995 年年初的 750 點一路漲至了 2000 年 3 月 10 日的 5,048 點。2000 年 3 月 10 日之後，那斯達克指數持續暴跌，至 2002 年 10 月跌至 1,100 點。許多沒來得及上市的網路公司倒閉，網路泡沫破裂，導致大量創投基金血本無歸。

　　雖然網路泡沫化給整個社會造成了大量的損失，但從長遠的未來和大局來看，正面的意義遠大於負面意義。第一，在網路泡沫時期大量資金投資於用戶頻寬等網路設備基礎建設，為整體社會的未來發展，奠定了穩定的基礎；第二，在網路泡沫時期為整個社會培養了大量網際網路相

關人才，這些人才後來進入社會經濟的各個領域，促進了社會的進步；第三，網路泡沫增進了投資界乃至整個社會對創投行業的認識，使得創投基金成為許多機構和個人投資者必備的資產配置。

對中國而言，正是這一場網路泡沫將創業投資的理念和模式引入中國，並在中國培養出第一批中國本土的基金管理人。2000 年，深圳創新投成立。2002 年，鼎暉投資成立。他們在 2005 年之後都收到了高額回報，中國市場埋下的 VC 種子正式發芽，整個國家都因此進入高速成長階段。馬雲正是因為在這個時期接觸到網際網路，又同時了解了股權資本市場，因此才有阿里巴巴的誕生。

6. 2000 年時期

2002 年，美國國會通過了《薩班斯—奧克斯利法案》，該法案大幅提高了美國上市公司信息披露和內控的要求，因而增加了上市公司的經營成本，並降低他們的營運效率。這一法案導致的結果是私募股權基金收購上市公司後下市，變得有利可圖。

2003 ～ 2007 年是私募股權的黃金時代。全球私募股權在 2003 年僅有約 1,010 億美元，至 2007 年已發展至 6,530 億美元。一方面，規模在 10 億美元以上的巨型基金不斷

湧現；另一方面，這一時期巨型併購尤其之多，併購紀錄不斷被打破。光是在 2006 年間，美國私募股權就完成了 645 宗大型併購，總金額為 3,750 億美元，單筆併購的平均規模是 5.81 億元，是 2003 年時的 18 倍。

　　次貸危機使得垃圾債券市場再次陷入了低潮。2007 年上半年蓬勃發展的私募股權併購，在 2007 年下半年變得杳無音訊。許多在 2006、2007 年巔峰時期完成的槓桿收購，也由於總體經濟環境的惡化而陷入困境。黑石集團正是在這個時期收購了希爾頓酒店集團，才有了教科書般的經典案例。

7. 私募股權在中國

　　我們都知道，中國經濟在近十年獲得了飛躍性的成長，現在一起來回顧看看，到底私募股權行業的發展為中國帶來什麼變化。

表 5　中國私募股權大事紀

年代	發展大事
1993 年	IDG 與上海科技投資公司各出資 1,000 萬美元，成立了中國最早的中外合資風險投資公司——上海太平洋科技創業有限公司。隨後，大量美國資金進入中國網際網路產業界。

1996 年	張朝陽帶著美國麻省理工學院幾位教授的 22 萬美元投資回到中國，創立了搜狐網的前身愛特信公司。
1997 年	丁磊獲得美國創業資本的支持，網易誕生。
1998 年	王志東三次去美國矽谷尋找資金，並完成四通利方和華淵網的合併，成立新浪網。
1999 年	中國國務院發布了《關於建立我國風險投資機制的若干意見》，從政策上確認了風險投資的正面意義。具有官方背景的深創投、上海聯創、中科招商、鼎輝創投相繼成立。
2000 年	新浪、網易、搜狐先後在美國那斯達克上市。在此之後，於美國上市的中國企業還有百度、盛大、攜程、蒙牛、尚德、如家、小肥羊、分眾傳媒等多家企業。
2001 年	網路泡沫化之後，私募股權投資進入重整期。
2004 年	中國證監會在深交所推出中小板，為民營企業上市打開了一條通道。
2006 年	修訂後的《合夥企業法》頒布，有限合夥企業成為了合法的組織形式。 (1) 2007 年 6 月 1 日該法案生效後，多數新成立的私募股權基金都拋棄了傳統的公司制，轉向稅收待遇更加優厚的有限合夥制。

	⑵ 2009 年，中國證監會推出了上市門檻更低的創業板，進一步拓展了私募股權的推出通道。 ⑶ 2007 ～ 2010 年間，中國 A 股企業將近 10 倍的回報吸引了大量資金進入這個市場。金融風暴後市場由谷底復甦，私募股權黃金時代來臨，更多出場的可能性以及政策的支持為私募股權帶來了蓬勃的發展。
2014 年	5 月，京東在美國上市。 9 月，阿里巴巴也在美國上市。同時，中國總理李克強在夏季達佛斯論壇上首次提出「大眾創業、萬眾創新」的概念。
2015 年	2 月 10 日，李克強邀請 60 多名各國專家舉行座談。其中，關注中國「大眾創業、萬眾創新」的諾貝爾經濟學獎得主艾德蒙·菲爾普斯強調，創新會是中國經濟發展的新引擎，它會帶來非物質性的好處。 3 月，李克強在政府工作報告中再論及創業創新文化：推動大眾創業、萬眾創新，既可以擴大就業、增加居民收入，又有利於促進社會縱向流動和公平正義。

　　從這段歷史可見，私募股權行業為中國帶來高成長性的發展，中國創業家不斷喊出的各階段融資計畫都是私募股權行業成熟的表現，也是企業能夠高速成長的關鍵。

8. 私募股權整體現況

　　2008 年金融風暴危機過後，世界經濟開始復甦。私募股權行業也有了長足的發展。如今，私募股權已經不是當初由少數投資專家組成的小型工作室，而是可以和銀行、保險及證券業比肩的獨立行業。

　　私募股權行業的成長速度甚至遠遠超過其他金融相關行業，根據麥肯錫最新公布的數據顯示，2017 年，全球私募股權基金的募集資金總額來到 7,500 億美元，全球私募股權的熱度持續升溫。

　　2019 年 2 月，法國巴黎銀行財富管理針對全球超過 2700 位高資產人士做出分析，這些受訪者總資產為 160 億美元。重要的是，這些受訪者有五成以上屬於私募股權投資者，平均年齡不到 40 歲，透過私募股權投資，這群青壯年族群累積財富的速度遠遠超過前幾個世代。

　　其中淨資產超過 2,500 萬美元的高資產人士有 58％的資產配置會直接投資私募股權項目。還有約 24％的受訪者會透過天使投資直接投資其他事業，並且提供資源幫助被投資的團隊。超過 2,500 萬美元身價的高資產人士，有接近七成也會選擇天使投資。

附錄 6
項目評估 TIP

　　在此，筆者將與讀者分享關於評估項目時應觀察的重點事項。作為投資人，應該要清楚知道我們隨時都要承受一定程度的風險，有道是：「常在河邊走，哪有不溼鞋。」身為優秀的投資人，必備的基本認知是我們願意承擔多大的風險換取多少的報酬，沒有百分之百零風險的投資，就算是有擔保品都不是百分之百沒問題。

　　參與股權投資時應該要做的是「提高投資成功率，而非等待最佳時機。」就像日本首富，軟銀集團的董事長孫正義所說，一個投資案成功機率只有 50％的時候並不是最好的出手時機，但若是勝率已經達到 90％的時候才出手，時機可能太遲，70％才是最好的出手點。以發生機率來說，九成的勝率當然比七成更理想，但成為首富的孫正義告訴我們，投資實戰上情形剛好相反，前者反而更容易失敗。因為一般人能遇到出手的機會，屬於七成勝率的遠遠多過九成勝率。過於慎重，會錯過許多機會，所瞄準的目標，也容易被其他人捷足先登。

基本上，投資十個項目之中，能成功五項就已經可以創造出另人激賞的獲利，而成功七項就可說是一位非常成功的投資人。以下便整理出一些提高勝率的方式，提供給投資朋友們參考：

1. 選擇優秀的人

一個人能不能成事，第一個是看這個人對事情本身是否充滿興趣，這個充滿興趣的程度必須超過金錢。第二，就是看這個人的道德水準，可以從了解他對朋友、親人的態度來做判斷。

道德水準

在網路時代我們比較容易從各種透露出的訊息進行觀察，像是對父母不孝，對朋友不尊重，對員工非常苛刻，出現這些行為的對象通常可視為風險性較高。其中的原因很多，他們可能是性格上比較情緒化，也可能是行為較不謹慎，又或是心態上不懂得感恩等等。這些細節我們都能透過經驗的累積來觀察，自然而然也能提升成功率。

專注力

事實證明一個人的時間是有限的，如果沒有辦法對一件事情專注，他就不容易取得巨大的成功。但是對於已經

獲取過巨大成功的人而言，這樣的情況又有點不太一樣，因為已經經歷過這個過程，所以他會更懂得其中的訣竅。

領導力

　　創始人的領導能力決定企業的高度，領導力包含了胸懷與格局。有胸懷、有格局的領導者，能夠凝聚團隊內部成員，提高大家的戰鬥力及士氣，也可以網羅外部人才資源。而無法網羅外部人才的人，不可能帶領企業走得更遠。足夠的格局可以廣納人才，因為每個人都有理想、有目標，在領導人的羽翼之下，若都有空間可以完成自己的理想跟目標，誰會願意離開這樣的團隊呢？穩住了企業內部，外部市場的擴張只是時間問題而已。

責任感

　　企業家的責任感包含了創造利潤，這是對投資人負責。另外要遵守相應的法律規範、道德標準以及社會責任。一個不遵守法規或是道德低落的人，一定也不會重視投資人所投入的資金與資源。

2. 選擇優秀的團隊

　　優秀的團隊與優秀的企業家一樣，是不容忽視的投資評估要點，擁有共同的目標、相互信任、具備專業技能、

忠誠、責任定位明確、學習力等，都是值得我們去觀察的有價資訊。

共同目標

擁有凝聚力最好的表現狀況就是擁有共同目標，有共同目標的一群人，碰到困難能夠互相扶持，堅持到最後一刻，這是非常理想的團隊現象。

相互信任

團隊成員之間相互信任不猜忌，眾人之間的關係友好，對彼此的品性、能力都確信不疑，這能夠為團隊帶來足夠好的士氣。而且也不會浪費時間在彼此猜疑，使得團隊的效率能夠大幅地提升。

專業技能

團隊成員皆擁有要達成共同目標的專業技能，並且能夠在達成目標的過程中努力學習，彼此形成互補效應，發揮最大的工作效能。

忠誠

大家都能堅持理念，全力投入企業的發展與壯大，沒有人因為受挫逃避，忠於彼此對共同目標的承諾。較低的人才流動，是極具時間效率及控制成本最佳的表現。

責任清晰

團隊成員都清楚自己應該要處理的事情，職責劃分明確。也清楚彼此之間做得不好，應該要受什麼樣的懲罰。

學習力

相互學習，在企業成長的過程中能與企業共同成長，與團隊一起進步，另外，也要吸收更多企業發展的相關知識，為團隊帶來正向加乘的效果，這是團隊長遠發展的象徵。透過這些評估條件，我們能夠有效地提高投資成功率。很多時候，我們只要確實進行「人」的評估，項目成功率就會大幅增加。

可行的項目不代表可投。

有經營過企業的朋友一定會知道，企業是每天都在調整、改變，上一刻的計畫可能會因為今天發生的新事跡，就會發生變化。

事實上，同一個項目也是天天都在改變，再好的項目，沒有對的人都不值得投。多數投資人的投資損失，就是因為覺得項目可行就決定投資，但卻忽略了真正可投的關鍵不是項目，而是在「人」身上。

魔法講盟集團

突破・整合・聚贏

「兩岸知識服務領航家，開啟知識變現的斜槓志業！」職涯無邊，人生不設限！知識就是力量，魔法講盟將其相加相融，讓知識轉換成收入，創造獨特價值！告別淺碟與速食文化，在時間碎片化的現代，把握每一分秒精進，與知識生產者或共同學習者交流，成就更偉大的自己，綻放無限光芒！

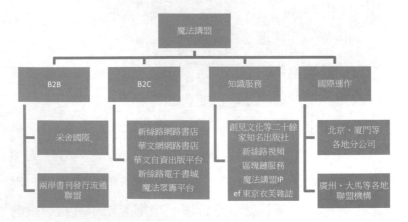

魔法講盟 的領導核心為全球八大名師亞洲首席——王晴天博士，他是大中華區培訓界超級名師、世界八大明師大會首席講師，為知名出版家、成功學大師、行銷學權威，對企業管理、個人生涯規劃與微型管理、行銷學理論與實務，多有獨到之見解及成功的實務經驗，栽培後進不遺餘力。

魔法講盟的緣起

源起於 2018 年的台灣培訓品牌，是由兩岸出版界巨擘王晴天博士率領王道培訓弟子群所創建的品牌，緣起由當初有感於目前許多的培訓公司都有開一門「公眾演說」的課程，當初的王道培訓也有開這個課程，結訓完的學員都會有一個問題，就是不論你多會講，拿到了再好的名次、再高的分數，結業後你必須要自己尋找舞台，也就是要自己招生，招生跟上台演說是兩碼子不相干的技術領域，培訓開課其實最難的事兒就是招生，要找幾十個或上百個學員免費或付費到你指定的時間、規定的地點聽你講數個小時，這件事情是非常非常難的，就算是免費也一樣。

有感於此，王董事長認為專業要分工，講師歸講師，招生歸招生，所以魔法講盟透過代理國際級的課程，打造

明星課程來由講師授課，再與台灣最強的招生單位合作，強強聯手已席卷整個華語培訓市場。

王晴天董事長原本是台灣數學界的補教名師，但是因為每年講的內容都一樣，而且他認為學校教的那些知識並不能幫助他人在現實世界裡競爭，於是他就急流勇退改而做他有興趣的圖書出版業，進而再轉戰他熱愛的成人培訓，他認為成人培訓才是能幫助他人在現今競爭的社會中脫穎而出，所以更積極布局開創一間專為成人培訓的機構即「全球華語魔法講盟」。

王晴天董事長融合多年智慧結晶、結合多元豐富資源、致力開創知識分享的課程、實現知識共享的經濟時代、汲取成功的經驗、萃取勝者的思維、以改變生命、影響生命、引領良善智慧的循環，為職志！先創建了台灣最大的培訓聯盟機構，進一步要成為全球華人華語知識服務的標竿！

大師的智慧傳承

感於一個觀念，可改變一個人的命運，一個點子，可創造一家企業前景。許多優秀的講者，參加了培訓機構的講師訓練，結業後就沒了後續的舞台，也有許多傑出的講師，從講師競賽中通過層層關卡之後脫穎而出，得名了，

然後呢？大多數人共同的問題就是沒有「舞台」。

有鑒於此，采舍國際集團王董事長。2018 年率領弟子群著手架構一個包含大、中、小各型舞台的培訓機構，讓優秀的人才有所發揮之處，王董事長為台灣知名出版家、成功學大師和補教界巨擘——王晴天大師曾於 2014 年創辦了「王道增智會」，秉持著舉辦優質課程、提供會員最高福利的理念，不斷開辦各類公開招生的教育與培訓課程，課程內容多元且強調實做與事後追蹤，每一堂課均帶給學員們精彩、高 CP 值的學習體驗。不僅提升學員的競爭力與各項核心能力，更讓學員在課堂上有實質收穫，絕對讓學員過上和以往不一樣的人生！許多優秀的講師們，儘管有滿腹專才，也具備開班授課所需之資質，卻不知如何開啟與學員接觸的大門，甚至不知如何招生因而使專業無法發揮。

王董事長結合北京世界華人講師聯盟，集合各界優秀有潛力的講師群，為學員打造主題多元優質課程的同時，也提供一個讓講師發揮的平台，讓學員參加講師培訓結業後立即就業的這個理念，並讓學員與講師能相互交流，形成知識的傳承與流轉。更搭配專屬雜誌，幫助講師建立形象、拍攝造型，還有多本合作雜誌可做廣告，增加曝光與宣傳機會。每年舉辦世界華人八大明師大會與亞洲八大高

峰會至今，參與過的學員更已達 150,000 人。更於 2017 年與成資國際集團（Yesooyes.com）合作創立了「全球華語講師聯盟」，給予優秀人才發光發熱的舞台。

全球華語講師聯盟是亞洲頂尖商業教育培訓機構，它創始於 2018 年 01 月 01 日，全球總部位於台北，海外分支機構分別位於北京、杭州、廈門、重慶、廣州與新加坡等據點。我們以「國際級知名訓練授權者◎華語講師領導品牌」為企業定位，整個集團的課程、產品及服務研發，皆以傳承自 2500 年前人類智慧結晶的「曼陀羅」思考模式為根本，不斷開創 21 世紀社會競爭發展趨勢中最重要的心智科技，協助所有的企業及個人，同步落實知識經濟時代最重要的知識管理系統，成為最具競爭力的知識工作者，更有系統地實踐夢想，形成志業般的知識服務體系。

除延續原有「晴天商學院」秘密系列課程、出書出版班、眾籌班、世界級公眾演說班外，更於 2017 年與成資集團共同引進了世界 NO.1 首席商業教練 Blair Singer's Sales & Leadership Certification Program、Blair Singer's Business & You（BBU）課程，讓您能以最佳的學習公式學會——

➤ 體驗：認證培訓中，透過體驗式教學並當場實踐所學，讓你確實學以致用！

➤ 記住：「親身體驗」的學習效果遠遠超過坐著聽、看、讀或寫，不只是學習實戰經驗與智慧，更讓你用身體牢牢記住。

➤ 成長：朝著目標前進、成長才是人生真正的目標。經過全球華語講師聯盟的密集培訓，將能讓你成為一個比以往任何時候的你還要更大、更好，並且隨時準備承擔更大，更令人興奮的目標與責任！

[魔法講盟] 的課程最講求兩個字「結果」，很多學員去參加各種培訓機構辦的培訓課程，例如公眾演說班，繳交了所費不貲的課程學費並在課堂上認真學習，參加了小組競賽並上台獲得了好名次好成績，拿到了結業證書和競賽獎牌，也學得一身好武藝，正想要靠習來的技能打天下、掙大錢時，發現一個殘酷的事情，就是要自己招生，自己要負責整個培訓流程中最難、最重要、最燒錢的一環，你要一群人坐在台下聽你講一兩個小時的銷講是得花上一筆大費用和一個很棒的文案才有機會辦到的，目前找到一個學員來課堂上聽你銷講的成本已經超過 $500 元以上了，加上現在的行銷工具或是平台（Line@、Facebook 等）的廣告費用越來越貴，所以一個剛學完某項技能的學生要靠自己來招生幾乎是不可能的！魔法講盟在這方面跟其他的培訓機構有所不同，只要你是我們的學員，並且表現達到

一定門檻以上，我們會提供小、中、大不同的舞台給學員，依照學員的能力給予不同的舞台，所以魔法講盟開的任何課程首要之要求都一定是講求結果：

➤ 來上出書出版班的學員，他的結果就是出一本暢銷書。

➤ 來上公眾演說班的學員，他的結果就是站上舞台成功演說。

➤ 來上眾籌班的學員，他的結果就是眾籌成功。

➤ 來上區塊鏈認證班的學員，他的結果就是擁有四張證照（東盟國際級證照＋大陸官方兩張＋魔法講盟一張）。

➤ 來參加講師培訓 PK 賽的學員，他的結果就是擁有華人百強講師的頭銜。

➤ 來參加密室逃脫創業密訓的學員，他的結果就是走出困境創業成功。

➤ 來參加 CEO4.0 暨接班人團隊培訓計畫並合格的學員，保證有企業可以接班。

➤ 來參加 642WWDB 的學員，他的結果就是建立萬人團隊，倍增收入。

➤ 來參加 B ＆ U 課程的學員，他的結果就是同時擁有成功事業 ＆ 快樂人生。

魔法講盟 是台灣射向全球華文市場的文創之箭

(1)集團旗下的采舍國際為全國最專業的知識服務與圖書發行總代理商，整合業務團隊、行銷團隊、網銷團隊，建構全國最強之文創商品行銷體系，擁有海軍陸戰隊般鋪天蓋地的行銷資源。

(2)集團旗下擁有創見文化、典藏閣、知識工場、啟思出版、活泉書坊、鶴立文教機構、鴻漸文化、集夢坊等二十餘家知名出版社，中國大陸則於北上廣深分別投資設立了六家文化公司，是台灣唯一有實力兩岸 EP 同步出版，貫徹全球華文單一市場之知識服務出版集團。

(3)集團旗下擁有全球最大的華文自助出版平台與新絲路電子書城，提供紙本書與電子書等多元的出版方式，將書結合資訊型產品來推廣作者本身的課程產品或服務，以專業編審團隊＋完善發行網絡＋多元行銷資源＋魅力品牌效應＋客製化出版服務，協助各方人士自費出版了三千餘種好書，並培育出博客來、金石堂、誠品等暢銷書榜作家。

(4)定期開辦線上與實體之新書發表會及新絲路讀書會，廣邀書籍作者親自介紹他的書，陪你一起讀他的書，再也不會因為時間太少、啃書太慢而錯過任何一本好書。參

加新絲路讀書會能和同好分享知識、交流情感，讓生命更為寬廣，見識更為開闊！

(5)新絲路視頻是魔法講盟旗下提供全球華人跨時間、跨地域的知識服務平台，讓您在短短 40 分鐘內看到最優質、充滿知性與理性的內容（知識膠囊），偷學大師的成功真經，搞懂 KOL 的不敗祕訣，開闊新視野、拓展新思路、汲取新知識，逾千種精彩視頻終身免費對全球華語使用者開放。

(6)魔法講盟 IP 蒐羅過去、現在與未來所有魔法講盟課程的影音檔，逾千部現場實錄學習課程，讓您隨點隨看飆升即戰力；喜馬拉雅 FM—新丝路 Audio 提供有聲書音頻，隨時隨地與大師同行，讓碎片時間變黃金，不再感嘆抓不住光陰。

魔法講盟 口碑推薦並強調有效果有結果的十大品牌課程

BUSINESS & YOU

魔法講盟董事長王晴天博士，致力於成人培訓事業已經許多年了，一直在尋尋覓覓尋找世界最棒的課程，於是好不容易在 2017 年找到了一門很棒的課程，他就是有

世界五位知名的培訓元老大師所接力創辦的 Business ＆ You，於是魔法講盟投注巨資代理其華語權之課程，並將全部課程中文化，目前以台灣培訓講師為中心，已向外輻射中國大陸各省，從北京、上海、杭州、重慶、廈門、廣州等地均已陸續開課，未來三年內目標將輻射中國及東南亞 55 個城市。

Business & You 的課程結合全球培訓界三大顯學：激勵・能力・人脈，全球據點從台北、北京、廈門、廣州、杭州、重慶輻射開展，專業的教練手把手落地實戰教學，啟動您的成功基因，15 Days to Get Everything， **BU** is Everything ！ Business & You 是讓你同時擁有成功事業 & 快樂人生的課程，由多位世界級大師聯手打造的史上最強培訓課程。

BU 1 日班＋ 2 日班＋ 3 日班＋ 4 日班 ＋ 5 日班共 15 日完整課程，整合成功激勵學與落地實戰派，借力高端人脈建構自己的魚池，讓您徹底了解《借力與整合的秘密》。一日齊心論劍班＋二日成功激勵  班＋三日快樂創業班＋四日 OPM 眾籌談判班＋五日市場 ing 行銷專班讓您由內而外煥然一新，一舉躍進人生勝利組，幫助您創造價值、財富倍增，得到金錢與心靈的富足，

進而邁入自我實現之路。

　　只需十五天的時間，學會如何掌握個人及企業優勢，整合資源打造利基，創造高倍數斜槓槓桿，讓財富自動流進來！

(1)一日齊心論劍班→由王博士帶領講師及學員們至山明水秀之秘境，大家相互認識、充分了解，彼此會心理解，擰成一股繩兒，共創人生事業之最高峰。

(2)二日成功激勵班→以 NLP 科學式激勵法，激發潛意識與左右腦併用，搭配 BU 獨創的創富成功方程式，同時完成內在與外在之富足，創富成功方程式：內在富足外在富有：利用最強而有力的創富系統，及最有效複製的 know-how 持續且快速地增加您財富數字後的「0」。

(3)三日快樂創業班→保證教會您成功創業、財務自由、組建團隊與人脈之開拓，並提升您的人生境界，達到真正快樂的幸福人生之境。

(4)四日 OPM 眾籌談判班→手把手教您（魔法）眾籌與 BM（商業模式）之 T&M，輔以無敵談判術與從零致富的 AVR 體驗，完成系統化的被動收入模式，參加學員均可由二維空間的財富來源圖之左側的 E 與 S 象限，進化到右側的 B 與 I 象限。從優化眾籌提案到避開相關法律風險，由兩岸眾籌教練第一名師親自輔導您至成功募

　　集資金、組建團隊、成功創業為止！

⑸五日市場ing行銷專班→以史上最強、最完整行銷學《市場ing》（BU棕皮書）之〈接〉〈建〉〈初〉〈追〉〈轉〉為主軸，傳授您絕對成交的秘密與終極行銷之技巧，課間並整合了642WWDB絕學與全球行銷大師核心秘技之專題研究，讓您迅速蛻變成銷售絕頂高手，超越卓越，笑傲商場！堪稱目前地表上最強的行銷培訓課程。

BUSINESS & YOU
最落地的實務課程

642WWDB

　　為直銷的成功保證班，當今業界許多優秀的領導人均出自這個系統，完整且嚴格的訓練，擁有一身好本領，從一個人到創造萬人團隊，十倍速倍增收入，財富自由！傳直銷收入最高的高手們都在使用的642WWDB已全面中文化，絕對正統！原汁原味‼從美國引進，獨家取得授權‼未和任何傳直銷機構掛勾，絕對獨

立、維持學術中性 !! 結訓後可成為 642WWDB 講師，至兩岸各城市授課。

公眾演說

　　建構個人影響力的兩種大規模殺傷性武器就是公眾演說＆出一本自己的書，若是演說主題與出書主題一致更具滲透力！透過「費曼式學習法」達於專家之境。魔法講盟的公眾演說課程，由專業教練傳授獨一無二的銷講公式，保證讓您脫胎換骨成為超級演說家，週二講堂的小舞台與亞洲或全球八大明師盛會的大舞台，讓您展現培訓成果，透過出書與影音自媒體的加持，打造講師專業形象！完整的實戰訓練＋個別指導諮詢＋終身免費複訓，保證晉級 A 咖中的 A 咖！

出書出版班

　　由出版界傳奇締造者王晴天大師、超級暢銷書作家群、知名出版社社長與總編、通路採購聯合主講，陣容保

證全國最強，PWPM 出版一條龍的完整培訓，讓您藉由出一本書而名利雙收，掌握最佳獲利斜槓與出版布局，布局人生，保證出書。快速晉升頂尖專業人士，打造權威帝國，從 Nobody 變成 Somebody ！

我們的職志、不僅僅是出一本書而已，而且出的書都要是暢銷書才行！保證協助您出版一本暢銷書！不達目標，絕不終止！此之謂結果論是也！

本班課程於魔法講盟采舍國際集團中和出版總部授課，教室位於捷運中和站，現場書庫有數萬種圖書可供參考，魔法講盟集團上游八大出版社與新絲路網路書店均在此處。於此開設出書出版班，意義格外重大！

眾籌

終極的商業模式為何？借力的最高境界又是什麼？如何解決創業跟經營事業的一切問題？網路問世以來最偉大的應用是什麼？答案將在王晴天博士的「眾籌」課程中一一揭曉。教練的級別決定了選手的

成敗！在大陸被譽為兩岸培訓界眾籌第一高手的王晴天博士，已在中國大陸北京、上海、廣州、深圳開出多期眾籌落地班，班班爆滿！三天完整課程，手把手教會您眾籌全

部的技巧與眉角，課後立刻實做，立馬見效。在群眾募資的世界裡，當你真心渴望某件事時，整個宇宙都會聯合起來幫助你完成。魔法講盟創建的 5050 魔法眾籌平台，提供品牌行銷、鐵粉凝聚、接觸市場的機會，讓你的產品、計畫和理想被世界看見，將「按讚」的認同提升到「按贊助」的行動，讓夢想不再遙不可及。透過 5050 魔法眾籌平台的發佈，讓您在很短的時間內集資，藉由魔法講盟最強的行銷體系、出版體系、雜誌進行曝光，讓籌資者實際看到宣傳的時機與時效，助您在很短的時間內完成您的一個理想、一個期望甚至一個夢想，因為魔法講盟講求的就是結果與效果 !!

國際級講師培訓

不論您是未來將成為講師，或是已擔任專業講師，透過完整的訓練系統培養授課管理能力，系統化課程與實務演練，協助您一步步成為世界級一流講師！兩岸百強 PK 大賽遴選台灣優秀講師並將其培訓成國際級講師，給予優秀人才發光發熱的舞台，您可以講述自己的項目或是魔法講盟代理的課程以創造收入，生命就此翻轉！

接班人密訓計畫

　　針對企業接班及產業轉型所需技能而設計，由各大企業董事長們親自傳授領導與決策的心法，涵養思考力、溝通力、執行力之成功三翼，透過模組演練與企業觀摩，引領接班人快速掌握組織文化、挖掘個人潛力累積人脈存摺！已有十數家集團型企業委託魔法講盟培訓接班人團隊！

CEO 4.0 暨接班人團隊培訓計畫

　　特邀美國史丹佛大學米爾頓‧艾瑞克森學派崔沛然大師，針對企業第二代與準接班人進行培訓，從美國品牌→台灣創意→中國市場，熟稔國際商業生態圈 IBE 並與美國 LA 對接人脈，出井再戰為傳承，提升寬度、廣度、亮度、深度，建立品牌，晉身 CEO 4.0 ！

　　凡參加「CEO 4.0 暨接班人團隊培訓計畫」的弟子們都將列入魔法講盟準接班人團隊成員之一。

區塊鏈國際認證講師班

　　由國際級專家教練主持，即學‧即賺‧即領證！一同賺進區塊鏈新紀元！特別對接大陸高層和東盟區塊鏈經濟研究院的院長來台授課，是唯一在台灣上課就可以取得大陸官方認證機構頒發的四張國際授課證照，通行台灣與大

陸和東盟 10 ＋ 2 國之認可。課程結束後您會取得大陸工信部、國際區塊鏈認證單位以及魔法講盟國際授課證照，魔法講盟優先與取得證照的老師在大陸合作開課，大幅增強自己的競爭力與大半徑的人脈圈，共同賺取人民幣！

密室逃脫創業秘訓

所有創業會遇到的種種挑戰，轉換成 12 道主題任務枷鎖：創業資金、人才管理、競爭困境、會計法務⋯⋯由專業教練手把手帶你解開謎題，突破創業困境，保證輔導您至創業成功為止，密室逃脫 seminar 等你來挑戰！

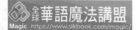 由神人級的領導核心——王晴天博士，以及家人般的團隊夥伴——魔法弟子群，搭建最完整的商業模式，共享資源與利潤，朝著堅定明確的目標與願景前進。別再孤軍奮戰了，趕快加入 魔法講盟 創造個人價值，再創人生巔峰。魔法絕頂，盍興乎來！

全球華語魔法講盟 Magic https://www.silkbook.com/magic/　　魔法講盟 silkbook com 新·絲·路·網·路·書·店

區塊鏈國際認證講師班

錯過區塊鏈，將錯過一個時代！馬雲說：「**區塊鏈對未來影響超乎想像。**」錯過區塊鏈就好比 20 年前錯過網路！想了解什麼是區塊鏈嗎？想抓住區塊鏈趨勢創富嗎？

區塊鏈目前對於各方的人才需求是非常的緊缺，其中包括區塊鏈架構師、區塊鏈應用技術、數字資產產品經理、數字資產投資諮詢顧問等，都是目前區塊鏈市場非常短缺的專業人員。

魔法講盟特別對接大陸高層和東盟區塊鏈經濟研究院的院長來台授課，**魔法講盟**是唯一在台灣上課就可以取得大陸官方認證的機構，課程結束後您會取得大陸工信部、國際區塊鏈認證單位以及魔法講盟國際授課證照，取得證照後就可以至中國大陸及亞洲各地授課＆接案，並可大幅增強自己的競爭力與人脈圈！

由專家教練主持，即學・即賺・即領證！
與您一同賺進區塊鏈新紀元！

開課時間 **2019 / 7 /13、7 /14**

上課地點：采舍國際出版集團總部三樓
　　　　 New Classroom
（新北市中和區中山路2段366巷10號3樓
　和華中橋 COSTCO 對面）

 查詢 2020、2021 **年開課日期及詳細授課資訊**
請掃左方 QR Code，或上新絲路官網 silkbook○com www.silkbook.com 查詢。

史上最強出書出版班

出書，是你成為專家的最快捷徑！

★★★ **4大主題** ★★★

企劃 × 寫作 × 出版 × 行銷

一次搞定！

［寫書與出版實務班］
全國最強 4 天培訓班·保證出書

　　由采舍國際集團、魔法講盟、王道增智會、新絲路網路書店、華文聯合出版平台等機構達成戰略合作，派出出版界、培訓界、行銷界、網路界最專業的團隊，強強聯手共同打造史上最強出書出版班，**由出版界傳奇締造者、天王級超級暢銷書作家王擎天及多家知名出版社社長，親自傳授您寫書、出書、打造暢銷書佈局人生的不敗秘辛！**

教您如何企劃一本書、如何撰寫一本書、
如何出版一本書、如何行銷一本書。
讓您建立個人品牌，晉升權威人士，
從 Nobody 搖身一變成為 Somebody！

> 素人變
> 達人!!

時間：**2019 年 8/10、8/11(上午)、8/17、10/19**
2020 年、2021 年……開課日期請上 silkbook○com 官網查詢

名片已經式微，
出書取代名片才是王道！

《改變人生的首要方
法～出一本書》▶▶▶

▶ 新絲路視頻5
改變人生的
10個方法
5-1 寫一本書

倍數股權講座

兩個小時的時間
將為你的人生帶來更大的格局、更高的視野
為你介紹最真實的資本環境，讓你知道屬於富豪的遊戲
這裡沒有任何收費，只有應該屬於你的機會

ABOUT US

本團隊於2015年正式成立，創立時的使命是分享更多元有效的財商知識，鑒於國際化的市場以及更多元化的服務，開始建立知識型人脈平台，並且運用資源開始轉投資。

而市場的需求與日俱增，MBC多元商另行成立了財富俱樂部，透過國際考察，為會員增廣見聞，尋找各地的商機，有效運用透過學習建立出的廣闊人脈資源，並將資源分享回饋於大眾，期許為更多努力上進的學習者創造財富。

提倡雁型理論，藉由成功的知識，讓人們了解如何掌握機會，團結共贏。

股權小知識

投資人買賣「股票」，是已經上市的公司股票，股票市場稱二級市場，任何投資人都能買。股權投資為一級市場，即公司未上市前投資其股份，一般投資人是沒有渠道購買。且這時公司股票價格低，投資成本少，投資該公司等到其上市後能賺取更多的錢。

了解詳情

退場策略
你有自己的退場策略嗎？
你清晰自己的投資目標嗎？

倍數增值
你了解你的投資是否值錢嗎？
你知道如何把值錢的投資換成現金嗎？

I.資本生態

為您說明資本市場的遊戲規則與生態，為您找到財務規劃所需。

II.資本中心

戰略投資中心，為投資人尋找機會，企業找到資源，創造共贏。

III.投資平臺

了解最新的潛在商機，成為合格的專業投資人，享受您的投資計劃。

IV.研究團隊

來自不同領域的菁英將彼此探討更適合的市場，更具潛力的商機。

V.國際參訪

出國實地參訪企業，拓展視野能幫助投資人能更好的選擇機遇。

了解詳情

國家圖書館出版品預行編目資料

富豪遊戲‧神秘股權：財富倍增制勝寶典／林俊洲
著 -- 初版 . -- 新北市：創見文化出版，采舍國際有
限公司發行 ,2019.06
面；公分 --（優智庫 68）
ISBN 978-986-97636-0-8（平裝）

1. 投資
563.5   108004264

優智庫68

富豪遊戲‧神秘股權：財富倍增制勝寶典

創見文化‧智慧的銳眼

出版者／ 魔法講盟 創見文化
作者／ 林俊洲
副總編輯／陳雅貞
責任編輯／黃鈺文
美術設計／吳吉昌

> 本書採減碳印製流
> 程，碳足跡追蹤，
> 並使用優質中性紙
> （Acid & Alkali Free）
> 通過綠色環保認證，
> 最符環保要求。

郵撥帳號／ 50017206 采舍國際有限公司（郵撥購買，請另付一成郵資）
台灣出版中心／新北市中和區中山路 2 段 366 巷 10 號 10 樓
電話／（02）2248-7896   傳真／（02）2248-7758
ISBN ／ 978-986-97636-0-8   出版日期／ 2019 年 6 月

全球華文市場總代理／采舍國際有限公司
地址／新北市中和區中山路 2 段 366 巷 10 號 3 樓
電話／（02）8245-8786   傳真／（02）8245-8718

全系列書系特約展示門市
新絲路網路書店
地址／新北市中和區中山路 2 段 366 巷 10 號 10 樓
電話／（02）8245-9896
網址／ www.silkbook.com

本書於兩岸之行銷（營銷）活動悉由全球華語魔法講盟 魔法講盟 與采舍國際公司圖書行銷部規畫執行。

線上總代理 ■ 全球華文聯合出版平台 www.book4u.com.tw
主題討論區 ■ https://www.silkbook.com/activity/2019/course/silkbook_club/   ● 新絲路讀書會
紙本書平台 ■ http://www.silkbook.com   ● 新絲路網路書店
電子書平台 ■ http://www.book4u.com.tw   ● 華文電子書中心